Hanesion
Tre'r
Cofis

T Meirion Hughes

Hanesion Tre'r Cofis

T Meirion Hughes

y Lolfa

Argraffiad cyntaf: 2013

Dymuna'r cyhoeddwyr gydnabod cymorth ariannol
Cyngor Llyfrau Cymru

Llun y clawr: Dadorchuddio'r cerflun o David Lloyd George ar
faes Caernarfon, 6 Awst 1921. Diolch i Mr a Mrs W Vaughan
Jones, Llyn-y-gele, Pontllyfni am y llun.
Cynllun y clawr: Y Lolfa

Rhif Llyfr Rhyngwladol: 978 1 84771 673 6

FSC

Cyhoeddwyd ac argraffwyd yng Nghymru gan
Y Lolfa Cyf., Talybont, Ceredigion SY24 5HE
gwefan www.ylolfa.com
e-bost ylolfa@ylolfa.com
ffôn 01970 832 304
ffacs 832 782

Cyflwynir y gyfrol hon er cof am fy niweddar annwyl wraig Meiriona, yr hon a fu'n gefn mawr i mi ar hyd ein cyfnod priodasol hir ac yn enwedig felly gyda f'ymdrechion llenyddol, trwy gynnig gwelliannau i ambell linell o englyn neu air neu frawddeg mewn ysgrif.

Er alaeth hiraeth am hon,
Teg yw haf o atgofion.
Meirion

Cynnwys

Rhan 3: Crefydd ac Adloniant

Rhan 4: Amrywiol Hanesion

Gair am yr Awdur

Pwysicach yw'r chwilotwr
    Nag awdwr llyfr o gân...

DYNA HONIAD WILLIAMS Parry yn ei gerdd 'Chwilota', ond â'i dafod yn ei foch meddir. Ymhlith y pennaf o'r chwilotwyr i hanes tref Caernarfon mae T. Meirion Hughes. Am flynyddoedd maith bu'n cofnodi'r hyn a glywodd, yn pori drwy gylchgronau a phapurau newydd, yn chwilio dogfennau a chofnodion gan roi'r cyfan ar gof a chadw. Bu Archifdy Gwynedd yn ail gartref iddo, a'i wefan gyfoethog yntau yn ffynhonnell werthfawr i chwilotwyr llai abl neu ddiocach eu natur.

"Ymhle roedd hwn a hwn yn byw?"
"Ydach chi wedi gofyn i Meirion Hughes?"
"Pryd y digwyddodd y peth a'r peth?"
"Meirion, fo fydd yn gwybod ichi."

Gallasai yntau fod yn 'awdwr' cyfrol o gerddi yn ogystal. Bu'n un o feirdd cynganeddol y dref ac yn un sicr ei drawiad. Ond hwyrach mai ei gariad cyntaf, ymhlith sawl diddordeb arall, ydi hanes trefol – nid na all fynd yn lletach ei ymchwil na hynny. Ond, â pharodïo'r gerdd ymhellach:

Rhof heibio i siarad drwy fy het
I stydio'r hen *North Wales Gazette.*

Yr Herald Cymraeg a'r *Genedl*, y *Brython* a'r *Caernarvon and Denbigh Herald* yn fwy felly yn hanes Meirion. Bu'n gadeirydd cangen Cymdeithas Hanes Teuluoedd Gwynedd am flynyddoedd lawer.

Ond nid yr hanesydd lleol hwnnw mohono sy'n sgriblo ar

ewin o bapur (ac yn colli hwnnw'n amlach na pheidio) neu un a fethodd â chofnodi am nad oedd beiro wrth law. Bu'n croniclo'n ddyfal, yn raenus o ran ei arddull ac yn drylwyr o ran ei ymchwil. Meddai'r bardd, ymhellach:

Rhydd Cymru f'enw mwy yn rhes
Ei chymwynaswyr am a wnes.

Hawdded ydi anghofio cymwynasau'r chwilotwr, a'r oes a ddêl yn manteisio ar y llafur heb oedi i feddwl na chydnabod hynny. Wedi'r cwbl, mae hanes lleol yn hanes pawb, yn hanes pob cyfnod ac yn hanes a ddylai aros. Dyna faint cymwynas gweld cyhoeddi cyfrol Meirion Hughes. A'i chyhoeddi yn Theatr Seilo, parhad o'r 'Hen Seilo' a'r Seilo Bach y bu'r awdur a'i deulu â chymaint cysylltiad â nhw.

Heb imi anghofio'r bwriad arall. O gael byw yn yr 'hen dre' am dros bymtheg mlynedd ar hugain a nabod Meirion a Meiriona, hyd nes ei cholli, mi wn mai stori dau fu hi – ac un gysegredig. I gofio'r cwlwm hwnnw a'r serch a fu y mae'r awdur am gyflwyno'r gyfrol hon. Braint oedd cael ysgrifennu'r cyflwyniad, a dymuno'n dda iddi wrth iddi godi angor.

Harri Parri

Rhagair

PAN DDAETH *PAPUR Dre* a Meirion Hughes at ei gilydd ym mis Hydref 2002 cafwyd y briodas berffaith. Bryd hynny cyhoeddwyd rhifyn cyntaf *Papur Dre* (papur bro tref Caernarfon) ac un o'r colofnwyr cyntaf oedd T. Meirion Hughes. Adeg cyhoeddi'r canfed rhifyn ym mis Gorffennaf 2012, roedd Meirion wedi ysgrifennu colofn ar gyfer pob rhifyn.

Ni ellir meddwl am gyhoeddi papur mewn tref mor ddiddorol â Chaernarfon heb bod hanes y dref a'i phobl yn cael lle haeddiannol ynddo. Yn Meirion Hughes fe gafwyd y 'dyn hanes' perffaith i wneud hynny oherwydd mae hanes y dref ar flaen ei fysedd. Wrth sgwrsio ag ef mi fuasech yn dadlau ei fod yn byw a bod yr hanes gan ei fod yn siarad mor rhwydd a naturiol am wahanol gyfnodau fel petai'r cyfan wedi digwydd y diwrnod hwnnw. Mae cynfas ei wybodaeth am hanes y dref yn eithriadol o eang a pha bynnag bwnc neu gyfnod sydd yn mynd â'i fryd mae ganddo'r ddawn eithriadol o'i osod ar bapur fel bod y cyfan yn waith darllen difyr a diddorol.

Yr un mor bwysig â'r stori oedd lluniau addas i gyd-fynd â'r testun ac ni fyddai'n fodlon heb fod y naill a'r llall ganddo mewn lle cyn cyhoeddi. Roedd yn rhaid cael y llun neu'r lluniau iawn i gyd-fynd â'r stori neu fel arall nid oedd y dasg wedi ei chwblhau.

Yn fwy aml na pheidio, y fo ei hun fyddai'n meddwl am syniadau am yr hyn oedd yn cael ei gynnwys yn ei golofn. Roedd hyn yn dipyn o gamp pan gofir ei fod wedi cyhoeddi 100 o ysgrifau a'r rheini'n cynnwys 800 i 1,000 o eiriau bob tro. Ar adegau eraill byddai'n cael syniadau gan ei ddarllenwyr wrth iddo grwydro o gwmpas Caernarfon – hwn a'r llall yn dod ato yn holi am hyn a'r llall ac yntau wedyn yn mynd adra i wneud ei waith ymchwil cyn cyhoeddi'r arlwy yn rhifyn canlynol *Papur Dre*. Roedd yn golofnydd amhrisiadwy i ni fel Bwrdd Golygyddol y papur oherwydd roedd gennym un dudalen nad oedd angen i ni boeni am ei llenwi gan ein bod yn gwybod bod y cyfan yn sicr yn nwylo Meirion.

Yr hyn a gewch yn y gyfrol ddifyr hon yw blas o'r hyn mae darllenwyr *Papur Dre* wedi'i brofi yn y papur bro dros y degawd diwethaf: erthyglau a lluniau difyr am hanes y dref hynod hon a'i phobl, a hynny mewn modd darllenadwy a diddorol i'r darllenwyr. Fel hanesydd lleol mae gan Meirion y ddawn ddiamheuol o gyflwyno'r hanes mewn dull cartrefol, braf sydd yn gwneud y cyfan yn fyw ac yn ddiddorol ac yn gwneud i'r darllenydd awchu am fwy o'r hanes.

Nid oes amheuaeth y bydd cyfraniad Meirion i'w hanes lleol yn cael ei werthfawrogi am genedlaethau i ddod. Mae ei erthyglau yn drysor o'r radd flaenaf a bellach, gyda chyhoeddi'r gyfrol hon, bydd Cymru gyfan yn cael cyfle i'w gwerthfawrogi a'u mwynhau.

Glyn Tomos
Cadeirydd *Papur Dre*

Diolchiadau

MAE FY NYLED yn fawr i amryw o gyfeillion a fu'n gefn imi allu dal i ysgrifennu rhai o'r hanesion hyn yn ystod y tair blynedd diwethaf. Bu'n gyfnod anodd am na allwn fynychu Archifdy Caernarfon fel cynt, oherwydd musgrellni, henaint a'r angen i ofalu am fy niweddar annwyl wraig.

Synnais at nifer y bobl a ddaeth i'r adwy ar fy nghais, ac mae'r cymorth trwy alwad ffôn i'r Archifdy wedi dwyn ffrwyth ar ei ganfed. Gallwn ddibynnu ar Miss Norah Davies, 14 Rhes Segontiwm a Meistri Keith Morris, gwefan Carnarvon Traders, a Geraint Roberts, Gallt y Sil, i wneud gwaith ymchwil trylwyr ar fy rhan. Heb eu cymorth hwy ni fyddai llawer o ddeunydd y llyfr hwn wedi gweld golau dydd.

Diolch hefyd i Fwrdd Golygyddol *Papur Dre* o dan gadeiryddiaeth Mr Glyn Tomos am roi cyfle imi fod yn gyfrannwr misol i'r papur am ddeng mlynedd yn ddi-dor. Ni fu un gair croes rhyngom. Roedd hi'n fraint cael cydweithio â'r tîm a diolchaf am gymwynasau lu a dderbyniais gan Mrs Carolyn Iorwerth, sy'n cysodi'r papur. Diolch hefyd i'w gŵr, Mr Trystan Iorwerth, am dynnu lluniau ar gyfer sawl ysgrif.

Diweddaf trwy dalu diolchiadau i'r rhai a fu'n gymorth i mi hel y deunydd a'r lluniau at ei gilydd ar gyfer y llyfr, sef Ms Christine Taylor a Mr Gareth Edwards, gwefan Caernarfon Ar-lein. Gwelir oddi wrth yr hanesion (36 ohonynt) fy mod yn cyfeirio at sawl person arall a gyfrannodd gydag ambell lun neu sylw ar gyfer hanesyn. Diolch hefyd i'r Parch. Harri Parri a'r Athro Gwyn Thomas am eu geiriau caredig. Yn olaf, dymunaf ddiolch o galon i Mr Lefi Gruffudd, Y Lolfa, am ymddiried ynof a chytuno i gyhoeddi'r llyfr hwn.

Yn ddiffuant iawn,

T. Meirion Hughes
Ebrill 2013

Rhan 1
Caernarfon a'r Môr

Croesi'r Culfor

Y dref ar dor yr afon
A dŵr hallt hyd odre hon.

DYNA FEL Y canodd un o Feirdd yr Uchelwyr i dref Caernarfon. Bu Tudur Aled byw bum canrif yn ôl, ond hawdd fyddai credu mai bardd cyfoes a luniodd y cwpled hwn.

Deil hen afon Seiont i lifo'n araf heibio i Gastell Caernarfon, lle y cyll ei hannibyniaeth wrth iddi ymuno â Menai. Peidiodd prysurdeb y Cei Llechi, ond mae heli'r môr yr un mor gryf ei ddylanwad ar y dref a daw ymwelwyr o bell ac agos i hwylio a chynnal a chadw eu cychod pleser o dan gysgod yr hen gaer a Choed Helen.

Tref sy'n ymfalchïo yn ei gorffennol yw Caernarfon, ac yn enwedig yn ei hanes fel un o borthladdoedd pwysicaf gogledd Cymru. Yn ystod y 19eg ganrif adeiladwyd ugeiniau lawer o longau yn y dref a hwyliodd llawer ohonynt i bedwar ban byd. Ond y mae perthynas Caernarfon â'r môr yn mynd yn ôl ganrifoedd cyn hynny.

Oherwydd lleoliad daearyddol y dref, sylweddolwyd ymhell cyn y Canol Oesoedd bod angen am fferi i gludo teithwyr, anifeiliaid a nwyddau yn ôl a blaen ar draws afon Menai. Dywedir mai gwasanaethau fferi a ddefnyddiwyd i gludo cerrig o Fôn i adeiladu Castell Caernarfon yn y 13eg a'r 14eg ganrif a dewisodd Iorwerth I dirfeddianwyr a oedd yn deyrngar iddo i fod yn gyfrifol amdanynt. Eiddo'r Goron oeddynt, ond yr oedd pob gwasanaeth fferi yn cael ei osod o dan rent i rai â chychod addas ar gyfer y gwaith.

Cyn adeiladu Pont Telford yn 1826 yr oedd chwe gwasanaeth fferi yn croesi afon Menai – Abermenai,

Hwlc hen fferi
ar afon Menai

Tal-y-Foel, Moel-y-Don, Porthaethwy, Garth ac Aber – ac er byrred y fordaith rhwng Arfon a Môn, gwyddys am sawl trychineb angheuol a ddigwyddodd i deithwyr ar y badau hyn.

Ddydd Sadwrn, 10 Rhagfyr 1664, roedd cwch mawr Abermenai newydd lanio yno gydag 80 o deithwyr yn dychwelyd adref o farchnad Caernarfon. Cadwyd y rhwyfau, ond cyn i'r teithwyr adael y cwch dechreuodd un ohonynt ffraeo â'r cychwr, gan ddweud wrtho nad oedd yn barod i dalu'r geiniog ychwanegol a roddwyd ar bris tocyn teithio.

Aeth y ffrae o ddrwg i waeth ac ni sylweddolodd neb bod y cwch wedi gadael y lan ac yn drifftio i gyfeiriad Castell Belan, lle cipiwyd ef gan lanw cryf a'i ddymchwelyd. Boddwyd y cychwr a'r teithwyr oll, ac eithrio un dyn a lwyddodd i gyrraedd y lan.

Hwn oedd y trychineb a achosodd y nifer mwyaf o farwolaethau ar unrhyw fferi ar afon Menai ac y mae rhai ffynonellau yn rhoi'r colledion yn 80 a rhagor, ond yn ôl W. Bingley, *North Wales* (Vol. 1), 79 a foddwyd. Er bod y *North Wales Gazette*, 8 Medi 1808, yn cyfeirio at y trychineb, y cyfan a ddywed yw 'The Ferry Boat was lost and a great number of persons perished in the year 1664', ac yna'r cwpled hwn yn Gymraeg:

Yn un mil chwechant trigain pedair
Y bu'r golled fawr ym Môn

ac enw'r bardd: John Griffith, Llanddyfnan.

Y mae Bingley, fodd bynnag, yn ychwanegu trwy gyfeirio at gred pobl y fro am yr hyn a achosodd y trychineb: 'that this was a visitation of heaven, because the boat was built of timber that had been stolen from Llanddwyn Abbey'. Roedd angen cyflenwad sylweddol o goed i adeiladu cwch a oedd yn dal 80 o bobl.

Rhestrir isod ystadegau am y trychinebau a ddigwyddodd ar afon Menai rhwng 1664 ac 1820.

Cwch	Dyddiad	Boddi	Achub	Eu henwau
Pedwar trychineb ar ochr Caernarfon i afon Menai				
Abermenai	10 Rhagfyr 1664	79	1	?
Tal-y-Foel	13 Ebrill 1723	30	2	Sionsion a bachgen
Abermenai	5 Rhagfyr 1785	54	1	Hugh Williams, Tyddyn Llwyden, Aberffraw
Abermenai	5 Awst 1820	22	1	Hugh Williams, Bodowyr Isaf, Llanidan
Tri thrychineb ar ochr Bangor i afon Menai				
Porthaethwy	? Gŵyl Ifan 1699	?	?	
Porthaethwy	Ffair Bangor 1726	?	2	Dyn a dynes
Biwmares	25 Mehefin 1787	28	4	?

Enwau rhai o'r stemars fu ar afon Menai

1832 Y stemar gyntaf oedd y *Paul Pry*, ond ni fu'n gweithio fel fferi yn hir. Erbyn 1833 roedd yn cario teithwyr yn ddyddiol i Borthaethwy, Bangor a Biwmares ac yn dychwelyd gyda'r hwyr.

1849   Stemar o'r enw *Menai*.

1880   Stemar o'r enw *Mayflower*.

Y ddwy stemar olaf i gael eu defnyddio fel fferïau gan Gyngor Bwrdeistref Caernarfon oedd *Arvon* (1896–1923) a *Menna* (1923–1929).

O 1929 hyd at 1954 defnyddiwyd cychod modur, gan gynnwys y *Sussex Queen* o 1929 hyd 1942, pan werthwyd hi i'r Llywodraeth yn ystod yr Ail Ryfel Byd. Y ddau gwch olaf i gael eu defnyddio ar y fferi oedd *Ynys Môn* ac *Yr Arfon*. Bu raid cael deddf gwlad i ddiddymu'r gwasanaeth fferi ac ar 30 Gorffennaf 1954 y croesodd *Yr Arfon* am y tro olaf.

Brenin y Capteiniaid

YN YSTOD Y cyfnod y bu Caernarfon yn borthladd o bwys, prin fod neb o'i meibion a ddewisodd yrfa forwrol wedi cyrraedd yr uchelfannau a gyrhaeddwyd gan un a aned yn fab i goetsmon yn 23, Pool Hill, ar 13 Awst 1845.

Yn ôl Cyfrifiad 1851, roedd gan Griffith a Margaret Pritchard bedwar o blant: tair o ferched ac un mab, John. Ef oedd eu hail blentyn ac addysgwyd ef yn yr Ysgol Rad (National School) o dan y prifathro, Mr Foster. Cafodd hyfforddiant pellach mewn morwriaeth (*navigation*) gan gyn-forwr, sef Capten Robert Morris, a gadwai ysgol yn Pool Side. Yn 13 oed aeth John Pritchard i'r môr fel *cabin boy* ac i lanw'r swydd o fod yn gogydd ar fwrdd llong. Buan y dysgodd grefft morwr ac astudiodd ar gyfer dyrchafu ei hun yn ei ddewis alwedigaeth. Yn 1868 enillodd dystysgrif *second mate* ac, yn 1870, un *first mate*. Yna, yn y flwyddyn 1875, chwe mis cyn cyrraedd ei 30 oed, llwyddodd yn yr arholiad a'i gwnâi'n gymwys i fod yn gapten ar ei long ei hun.

Wedi iddo gael ei ddyrchafu'n gapten, byr fu cysylltiad John Pritchard â phorthladd Caernarfon, ac yn ystod y cyfnod hwnnw priododd â chwaer D. T. Edwards, a gadwai'r Drum Inn yn Stryd y Farchnad (yr adeilad agosaf at Glwb y Ceidwadwyr). Ni lwyddwyd i ddod o hyd i enw bedydd ei wraig nac yn wir fanylion am y briodas, ond gwyddys i John Pritchard fod yn gapten ar ddwy long a gofrestrwyd yng Nghaernarfon, sef y *Prince of Wales* a'r *Sybil Wynn*. Gwyddys i sicrwydd fod ganddo ddigon o arian i brynu cyfranddaliadau yn y *Sybil Wynn*, a hyd yn oed wedi iddo adael y dref, dengys Cofrestr Lloyds mai ei frawd-yng-nghyfraith, D. T. Edwards, oedd perchennog-reolwr y *Sybil Wynn* am y blynyddoedd 1881, 1882 ac 1883.

Yn ddiweddarach symudodd D. T. Edwards o Stryd y Farchnad i fyw yn Rock House, Heol Ddewi, a bu'n aelod o Gyngor Bwrdeistref Caernarfon am gyfnod ac yn Faer y dref yn 1913 ac 1914. Bu farw yn 1915.

Yn 1879 cyflogwyd Capten Pritchard i ddod â stemar newydd 80 tunnell, y *Princess of Wales*, allan o Wallsend, lle cafodd ei hadeiladu gan C. S. Swan & Co. Hi oedd y stemar leiaf erioed i gael ei hadeiladu ac ychydig a feddyliai John Pritchard ar y pryd y byddai'n dychwelyd yno ymhen 28 mlynedd i fod yn gyfrifol am stemar newydd arall, a'r tro hwnnw, y fwyaf yn y byd.

Flwyddyn yn ddiweddarach, ac yntau bellach yn 35 oed, ymunodd John Pritchard â chwmni enwog Cunard Line lle bu am 14 blynedd yn gwasanaethu ar sawl llong fawr fel mêt. Yn 1894 daeth cyfle iddo gael ei long ei hun a'i henw oedd y *Samaria*, ac o hynny ymlaen hyd at ei ymddeoliad yn 1910, bu'n gapten ar o leiaf ddwsin o gawresau'r cefnfor fel *Carmania*, *Caronia*, *Campania*, *Etruria*, *Lucania* a *Saxonia*.

Yn 1907 cafodd wŷs gan y cwmni i fynd i Wallsend i gymryd gofal o long newydd a'r enwocaf o longau'r cwmni yn ei dydd − y *Mauretania*. Roedd y stemar hon dros 331 o weithiau'n drymach na'r *Princess of Wales* a stemiodd allan o Wallsend gyda Capten Pritchard ar ei bwrdd.

Anodd yn wir yw dychmygu ei maint. I ofalu am y llu teithwyr a dyrrai i fwynhau moethusrwydd y llong, roedd angen dros 800 o staff, yn cynnwys 70 o forwyr, 366 o staff peirianyddol a 376 o stiwardiaid ac eraill yn gofalu am anghenion y teithwyr. Cyfanswm o 812 i gyd, ac un ohonynt yn gapten ar y gweddill: Capten Pritchard o Benllyn, Caernarfon, a aeth i'r môr fel *cabin boy* yn 13 oed bron hanner canrif ynghynt.

Yn ystod y 30 mlynedd y bu ar lyfrau Cunard fe'i hanrhydeddwyd ddwywaith am ei ddewrder. Y tro cyntaf oedd

R.M.S. Mauretania

Capten Pritchard ar
fwrdd y *Mauretania*

yn 1881, ac yntau'n swyddog ar y *Samaria*. Roedd y llong yn croesi'r Iwerydd pan ganfuwyd sgwner o Gymru ar fin suddo. Anfonodd y capten gwch achub yng ngofal John Pritchard, ac er garwed oedd y môr llwyddodd i achub pob aelod o griw'r sgwner. Dyma wrhydri a oedd yn haeddu cydnabyddiaeth ac fe dderbyniodd John Pritchard fedal arian y Royal Humane Society. Yr eildro oedd yn 1908; ac yntau ar ei ffordd adref yn y *Mauretania*, rhoes orchymyn i newid cwrs a mynd i achub criw barc Americanaidd a oedd yn yr un picil. Daeth yr Arlywydd Roosevelt i wybod am yr hyn a wnaeth capten llong fwya'r byd, a threfnodd yntau i lysgennad yr U.D.A. yn Lerpwl gyflwyno tystysgrif iddo, ynghyd â phâr o finociwlars. Stampiwyd cofnod o werthfawrogiad Llywodraeth America ar ei *Master's Certificate*.

Wrth ddychwelyd adref o Efrog Newydd yn 1907, bu iddo gymryd rhan mewn digwyddiad hanesyddol. Roedd sianel newydd 7 milltir o hyd wedi cael ei thorri a fyddai'n galluogi i'r harbwr dderbyn llongau o fwy o faint ac ar yr un pryd dorri 5 milltir oddi ar y siwrnai. Y *Caronia* yng ngofal Capten Pritchard a gafodd y fraint o fod y llong gyntaf i fynd trwy'r New Ambrose Channel, fel y'i gelwir.

Er y sylw a gawsai, dyn diymhongar ydoedd. Pan laniodd y *Mauretania* yn Efrog Newydd am y tro cyntaf, roedd yr harbwr yn ferw o ddynion papur newydd ac roeddynt oll am holi'r capten. Ond gwrthododd â rhoi cyfweliad iddynt gan ddweud ei fod yn rhy brysur ac atgoffodd hwynt o'r cyfrifoldeb oedd ar ei ysgwyddau.

Fodd bynnag, roedd un gohebydd a oedd yn fwy beiddgar na'r gweddill ac apeliodd ef at y capten fel a ganlyn: "Captain Pritchard from Caernarfon, North Wales, the American public are anxious to hear from you. Can you say something they will appreciate?" Atebodd yntau ar ei union: "You can tell them that I have worked for the Cunard Line for nearly 30 years and that the cap I wore then still fits me." Roedd y gohebydd wedi cael digon o ddefnydd ar gyfer ei erthygl a thrannoeth ymddangosodd colofnau lawer yn y papurau newydd o dan benawdau fel 'Some Captain and Some Ship'.

Lai na deunaw mis yn ddiweddarach, ym mis Ionawr 1909, derbyniodd John Pritchard yr anrhydedd uchaf y gallai cwmni Cunard ei roi iddo trwy ei benodi yn *Commodore of the Fleet*. Fel arwydd o'r statws newydd hwn byddai baner neilltuol gydag arwyddlun y cwmni yn cael ei chwifio ar ei long.

Roedd yr hogyn o Gaernarfon bron yn 64 oed a buasid yn tybio ei fod bellach wedi cyrraedd pinacl ei yrfa, ond roedd yna un anrhydedd eto'n ei aros. Ym mis Medi 1909, fe dorrodd y *Mauretania* y record am groesi Môr Iwerydd gyda chyflymder o 26.06 milltir fôr yr awr ac ni thorrid y record hon tan y flwyddyn 1929, saith mlynedd ar ôl ei farw.

Ymddeolodd yn 1910. Bu farw yn Meols, Swydd Gaer ar 29 Ionawr 1922 a chladdwyd ef ym mynwent West Derby, Lerpwl ar 3 Chwefror. Roedd yno gynrychiolaeth gref o'r frawdoliaeth forwrol a'r prif alarwr oedd ei fab, Capten Wm G. Pritchard, a chafwyd torch o flodau gan ei ail wraig a Leonard a Keith. Roedd John Pritchard yn ŵr rhyfeddol ac yn llawn haeddu'r deyrnged a roes yr *Herald* iddo ar achlysur ei farwolaeth, sef 'Brenin y Capteiniaid'.

Sgwner Enwocaf Porthladd Caernarfon – Y *Napoleon*

YN Y FLWYDDYN 1843 adeiladodd Humphrey Owen, Rhyddgaer, sgwner 69 tunnell ar gyfer chwech o drigolion Caernarfon. Enwau'r perchnogion ydoedd: John Owen, Tŷ Coch (ei fab), William Thomas; Owen Edwards; Nehemiah Bracegirdle; John Jones; a David Davies. Ni chysylltwyd enw Humphrey Owen ag adeiladu llongau cyn hynny, ond daeth enw'r sgwner hon yn adnabyddus iawn yng Nghaernarfon a hi oedd yr unig long i gael ei lansio yn 1843. Ni wyddys beth oedd y rheswm am roi enw arch-elyn Prydain arni a hynny lai na 30 mlynedd ar ôl brwydr waedlyd Waterloo, ond buan y daeth pobl Caernarfon i gysylltu enw'r sgwner â chyfenw yr ail ar restr y perchnogion, sef William Thomas. Ef oedd meistr cyntaf y *Napoleon*, a bu'r teulu'n gysylltiedig â hi am ddegawdau lawer.

Roedd diwrnod lansio llongau ym mhorthladd Caernarfon yn ystod y 19eg ganrif yn ddydd o ddathlu, gyda'r adeiladydd yn rhoi gwledd i'w weithwyr yn un o westai'r dref, ond cyn i hynny ddigwydd arferid gwahodd offeiriad neu weinidog ar fwrdd y llong i gynnal gwasanaeth, a'r sawl a gafodd y fraint honno yn achos y *Napoleon* oedd y bardd a'r emynydd

Y *Napoleon*

enwog Caledfryn, sef y Parch. William Williams (1801–1869), gweinidog capel Pendref (A). Adroddwyd yn y papur lleol iddo draddodi pregeth yn y Gymraeg, ac wedi iddo fendithio'r llong cafwyd perl o englyn ganddo:

Y don na wged dani, – na chwerwed
   Mellt na chorwynt wrthi;
   Sêr a lloer, wrth groesi'r lli,
   Tyner y bônt ohoni.

Dyna englyn a weddai i'r dim i'r achlysur, ac yn mynegi deisyfiad pob morwr a phob un yr oedd ganddynt anwyliaid yn hwylio'r moroedd. Llong a hwyliai o amgylch yr arfordir (*coaster*) oedd y *Napoleon*, ond ni olygai hynny ei bod yn rhydd o fflangell y gwynt ac ambell foryn cynddeiriog.

Brodor o blwyf Llanbedrog yn Llŷn oedd y meistr cyntaf, William Thomas (1815–1874), ac yn ôl Cofrestr Lloyds 1852 ceir ei fod, erbyn hynny, yn brif berchennog y sgwner. O'r flwyddyn 1855 hyd 1860 bu'n berchennog ac yn feistr sgwner arall, y *Don Quixote*, a gollwyd fis Ebrill 1860. Dyna'r cyfnod y rhoes y *Napoleon* yng ngofal ei frawd, Capten Griffith Thomas (1822–1905), ac ar ôl colli'r *Don Quixote* prynodd William Thomas sgwner newydd 120 tunnell a adeiladwyd yn 1859 yn Bridport Harbour, Dorset, a galwodd hi yn *Eleanor Thomas*, yr un enw â'i wraig.

Bu'n gapten ar yr *Eleanor Thomas* o 1860 hyd at 1872, pryd y trosglwyddodd yr awenau i'w fab hynaf, William Robert Thomas, 27 oed. Ymddeolodd yn gynnar oherwydd afiechyd a bu farw ar 19 Mehefin 1874, yn 59 oed. Er bod ei wraig a saith o'i blant wedi eu claddu ym mynwent Llanbeblig, yn ei hen gynefin yn Llanbedrog y claddwyd ef.

Goroeswyd ef gan ei ferch Margaret Ann, 32 oed, William Robert, 29 oed a David Charles, 15 oed. Mewn ewyllys dyddiedig 8 Chwefror 1873, ei ddymuniad oedd i rannu ei eiddo rhwng y tri, h.y. tri o dai yng Nghaernarfon, un ym mhlwyf Llanbedrog a'r ddwy sgwner, ynghyd â'i arian. Er iddo enwi ei frawd, Griffith, fel un ysgutor nid oedd wedi ei gynnwys yn yr ewyllys, ond mewn atodiad i'r ewyllys wreiddiol dyddiedig 5 Mai 1874, rhoes chwarter siâr yn y *Napoleon* i Griffith a chwarter yr un i'w dri phlentyn, ar yr amod ei fod yn talu chwarter y gost am y gwaith atgyweirio oedd angen ei wneud arni ar y pryd.

Ni wyddys pa drefniant a wnaeth Griffith gyda phlant ei frawd, ond ei enw ef a roed ar ddogfennau fel perchennog y *Napoleon* o 1874 hyd at 1891, pan ymddangosodd enw ei fab ieuengaf, Robert Henry Thomas (1869–1961). Groser llwyddiannus yng Nghaernarfon oedd R. H. Thomas, Castle House, a brynodd fusnes J. R. Pritchard, gŵr enwog iawn yn y dref, yn 1892.

O edrych yn ôl ar hanes y *Napoleon*, prin y gellir dweud iddi hi na'r criw fu arni gael gyrfa ddidramgwydd, fel y dymunai'r bardd Caledfryn yn 1843. Un enghraifft o hynny yw'r hyn a ddigwyddodd ar fordaith o Lundain am Portsmouth yn 1872. Roedd y *Napoleon* heb fod nepell o arfordir Margate, ac mewn gwynt cryf am 3 o'r gloch y pnawn ar 15 Tachwedd a dau o'r llongwyr yn ceisio tynnu'r *boom* i mewn, cariwyd y *jib-boom* i ffwrdd ac fe'u hyrddiwyd i'r môr. Nid oedd gobaith eu hachub; mor arw oedd y tywydd fel na ellid cael rheolaeth ar y llong. Caed enwau'r ddau oddi ar restr y criw fel a ganlyn:

Enw	Oedran	Tref enedigol	Ymunodd â'r llong	Swydd	Achos
William Williams	35	Pwllheli	12 Hydref 1872	A.B.	Boddi 15 Tach.
Hugh Roberts	38	Biwmares*	12 Hydref 1872	A.B.	Boddi 15 Tach.

* Yn ôl adroddiad mewn papur lleol, 23 Tachwedd 1872, yn Nhraeth Coch, Môn, yr oedd ei gartref adeg y ddamwain.

Wedi cyrraedd Portsmouth, a'r *Napoleon* bellach ddau longwr yn fyr, cyflogodd Capten Thomas ddau o wŷr lleol yno ar 21 Tachwedd, a dengys rhestr y criw am y fordaith honno na chyrhaeddodd y sgwner borthladd Caernarfon tan 1 Ionawr 1873.

Bywyd peryglus ac ansicr oedd bywyd y morwr, ac nid bob amser y cyfyngid y peryglon i fordeithiau. Digwyddai damweiniau ar fwrdd llong yn niogelwch yr harbwr hyd yn oed, fel y cofnodwyd ar achlysur marwolaeth aelod o'r criw ar 13 Awst 1888. Gŵr o Nefyn, 50 oed, oedd y mêt, John Owen, a dyma oedd ei dynged yn ôl a ysgrifennodd Capten Griffith Thomas ar *logbook* y *Napoleon*: 'I hereby certify that John Owen was working on board as a Mate during the vessel's stay in port at Caernarfon and fell overboard and was drowned.'

Fel y dynesai diwedd y ganrif, daeth llai a llai o alw am lechi, a sylweddolwyd ei bod yn llawer rhatach i'w cludo ar y rheilffordd nag ar y môr. Gostyngodd pris y llechi, a thalwyd llai i'r chwarelwyr am eu cynnyrch, felly aethant ar streic. Effeithiodd hyn ar y porthladd ac ar longau Caernarfon, ac o ganlyniad bu llawer ohonynt yn segur am gyfnodau hir. Mae'n debyg mai dyma a ddigwyddodd i'r *Napoleon*, oherwydd nid oes cofnod iddi adael y porthladd ar ôl y flwyddyn 1891. Ei pherchennog bryd hynny oedd mab y capten, sef Robert Henry Thomas, 1 Rhes Clarke, ond ei gyfeiriad o 1892 ymlaen oedd Castle House, 18, Y Stryd Fawr, Caernarfon.

Ceir cofnod arall mewn llyfr a gedwir yn yr Archifdy yng Nghaernarfon, *Record of Caernarfon Built Ships*, sy'n darllen fel a ganlyn:

Fate: Registered de nova 27.10.1902, Liverpool. Converted to steamer.

Er gwneud ymholiadau pellach, ni allai'r Amgueddfa Forwrol na'r Llyfrgell Ganolog yn Lerpwl ychwanegu dim at hanes y *Napoleon* wedi iddi adael Caernarfon. Ond mewn erthygl gan y colofnydd T.J. yn rhifyn 26 Medi 1924 o bapur lleol, cafwyd bod y sgwner wedi ei haddasu yn *steam hulk* ac iddi gael ei defnyddio i gario cargo ar draws afon Merswy. Ychwanegodd iddi, yn ddamweiniol, fynd ar dân a chael ei dinistrio.

Diwedd annisgwyl, felly, i long o borthladd Caernarfon a fu'n wynebu peryglon y môr am dros 50 mlynedd, ac yn gorwedd yn segur ar lan afon Seiont am ddegawd arall. Tybed beth fyddai ymateb y bardd Caledfryn, pe byddai wedi cael byw?

Yr Hindoo

NA, NID WYF am sôn am ddilynwr un o grefyddau mawr y byd, ond yn hytrach trafod hanes llong a gofrestrwyd ym mhorthladd Caernarfon. Ei pherchennog oedd neb llai na Humphrey Owen, Rhuddgaer, Llanidan, Môn, a ddaeth yn fwy adnabyddus fel perchen y Vulcan Foundry yn Noc Fictoria, Caernarfon wedi hynny.

Ddwy ganrif a mwy yn ôl, roedd ceisio ennill bywoliaeth wedi mynd cynddrwg yng ngogledd Cymru fel y bu raid i laweroedd o deuluoedd hel eu pac a gadael yr hen wlad yn y gobaith am well cyfleoedd tu hwnt i Fôr Iwerydd. Roedd ymfudo yn waith peryglus iawn yn y 18fed a'r 19eg ganrif, llawer yn mentro eu bywydau eu hunain a'u teuluoedd ar longau hwylio cwbl anaddas i gludo teithwyr ar y cefnfor a'r daith yn cymryd rhwng tri a chwe mis. Ar adegau byddai bron hanner y teithwyr yn colli eu bywydau cyn cyrraedd arfordir

31

America. Digwyddodd hyn tua chanol y 18fed ganrif yn hanes un o feirdd mwyaf adnabyddus ei gyfnod, sef Goronwy Owen o Fôn. Collodd ef ei wraig a phlentyn oherwydd afiechydon ar y fordaith:

> Lorio dau i wely'r don,
> Aer a'i gymar i'r gwymon.

Ond erbyn diwedd yr 1830au dechreuodd pethau wella. Adeiladwyd barc tri mast yn Merigomish, Pictou, Nova Scotia yn 1838, a'i pherchnogion ar y cychwyn oedd George Macleod, ei hadeiladydd, Richard Jones, marsiandïwr, Caergybi, a Humphrey Owen. Fe'i cofrestrwyd ym Miwmares ar 12 Mehefin 1839. Yna, yn ddiweddarach, fe'i hailgofrestrwyd yng Nghaernarfon fel barc 380 tunnell i gludo 400 o deithwyr, ac roedd angen 15 o griw i'w hwylio. O 1840 hyd at 1847 bu Richard Hughes yn gapten arni a chredir iddo groesi Môr Iwerydd 25 o weithiau ôl a blaen yn ystod y cyfnod hwnnw, cyfartaledd o dair taith y flwyddyn, a chredir iddo wneud taith i Quebec ac yn ôl mewn dau fis ac 20 niwrnod.

Bu'n un o longau Caernarfon am 21 mlynedd, sef o 1840 hyd at 1861, pryd y gwerthwyd hi i Lerpwl. O ganlyniad hwyliodd cannoedd lawer o Gymry Cymraeg ynddi o siroedd Môn, Meirionnydd, Caernarfon a Dinbych am yr Unol Daleithiau i ddechrau bywyd newydd. Roedd tlodi yn eu gorfodi i adael eu gwlad a hwylio i ben arall y byd, lle credent y byddai'n haws i gael dau ben llinyn ynghyd ac y byddai gwell manteision i'w plant ennill bywoliaeth – hynny, heb feddwl byth am ddychwelyd i'w gwlad enedigol na gweld yr anwyliaid a adawsant ar eu hôl. Tocyn unffordd oedd ganddynt.

Cyfnod Richard Hughes yn gapten arni oedd cyfnod ei bri fel llong i gario ymfudwyr ac mae gan y diweddar Bob Owen,

Croesor, yn ei ysgrif i'r *Hindoo*, hanesyn am storm fawr ar y cefnfor a barhaodd am bedwar diwrnod. Roedd llawer o'r teithwyr yn sâl môr ac eraill wedi mynd i anobeithio goroesi'r storm a gweld tir unwaith eto. Mis Ebrill 1842 ydoedd ac aeth un ohonynt, Edward Rees o Lanegryn, Sir Feirionnydd, at y capten a gofyn iddo a roddai ef ei ganiatâd iddo i gynnal cyfarfod gweddi yn y caban. Cytunodd y capten ar unwaith a heliodd Edward Rees griw o grefyddwyr selog o fysg y teithwyr a dyma a ysgrifennodd yn ei ddyddiadur: 'Wedi inni fynd i'r Caban mi syrthiodd Griffith Roberts, Clynnog, ar ei liniau. Yr oedd tua 5 o'r gloch y pnawn ac erbyn 9 nid oedd chwa o wynt i'w glywed.'

Rhydd hyn gipolwg i ni, heddiw, sut fath o bobl oedd llawer iawn o'r rhai a ymfudodd – pobl o gefndir crefyddol a oedd am wella eu stad, rhai oedd am gychwyn bywyd newydd lle roeddynt yn rhydd i addoli heb iddynt gael eu herlid gan dirfeddianwyr ac eraill a oedd yn wrthwynebus i'w daliadau Anghydffurfiol a Rhyddfrydol.

Gŵr o'r un anian oedd y Capten Richard Hughes ac ef a haeddai'r clod bod pawb o'r teithwyr a'r criw wedi cyrraedd Efrog Newydd yn holliach mewn 42 o ddiwrnodau er gwaetha'r elfennau. Fe gymerodd y capten ofal o long arall a oedd yn eiddo i Humphrey Owen o'r enw *Higginson* yn 1847 ac fe wnaeth hithau groesi Môr Iwerydd laweroedd o weithiau gydag ymfudwyr. Ond erbyn 1852 ceir ei fod yn gapten ar long o'r enw *Jane* o Biwmares a cheir adroddiad yn y *Cenhadwr Americanaidd* yn cyfeirio at ei allu digamsyniol fel morwr a meistr profiadol, 'yr hwn gynt oedd yn gapten ar yr *Higginson* o Gaernarfon, wedi gwneud cymaint â 25 o deithiau i'r America, yn y llestr honno yr *Hindoo* ac ni chollodd mewn un o'r teithiau hyn gymaint â bollt neu hwyl erioed, ond yn unig un "stensil boom", wedi hwylio bob amser heb wirodydd poethion, oddieithr ychydig at ddibenion meddygol'.

Ar un achlysur, fodd bynnag, aeth yr *Hindoo* i drafferthion pan gyrhaeddodd U.D.A. gan iddi gael ei chyhuddo o gario mwy o ymfudwyr nag oedd y wlad honno yn ei ganiatáu. Prin yw'r dystiolaeth am yr hyn a ddigwyddodd, ond yn ôl un ffynhonnell bu raid i'r cwmni dalu 150 o ddoleri am 90 o deithwyr dros y 150 a oedd yn oddefedig, er mai plant oeddynt gan mwyaf.

Erbyn y flwyddyn 1853 roedd llongau stêm wedi dod yn llawer mwy poblogaidd gan deithwyr ac ymfudwyr gan eu bod yn fwy cysurus ac yn gyflymach, ac arafu a wnaeth y galw am longau hwylio fel yr *Hindoo*. Yn y flwyddyn 1861 fe'i gwerthwyd i Lerpwl gan roi terfyn ar ei chysylltiad â phorthladd Caernarfon. Ei phwysigrwydd yn hanes y dref yw'r ffaith mai llong Gymreig ydoedd gyda chriw o Gymry yn ei hwylio ac oddi yma yr ymfudodd llaweroedd o Gymry Cymraeg o ogledd-orllewin Cymru am Ogledd America. Amcangyfrifir iddi, yn ystod y 21 mlynedd y bu hi'n gofrestredig yng Nghaernarfon, groesi Môr Iwerydd, ôl a blaen, tua 60 o weithiau yn cario cyfanswm o rai miloedd a oedd â'u bryd ar ymsefydlu mewn 'gwlad o laeth a mêl'.

Does dim amheuaeth ychwaith mai fel 'Yr *Hindoo* o Gaernarfon' yr ystyrid hi gan bawb yn y dref ac ymhell tu hwnt. Dyma a ddywedodd un bardd Cymraeg ei iaith amdani:

Coron eurfalch Caernarfon
Yw'r *Hindoo* ar y wen don.

Hyfforddwraig mewn Morwriaeth

Ellen Edwards

GANED ELLEN FRANCIS yn Amlwch, Môn, yn y flwyddyn 1810, yn ferch i'r Capten William Francis. Bu ef yn hwylio'r cefnfor am flynyddoedd lawer cyn rhoi'r gorau i'r gwaith hwnnw yn 1814, yn ystod y rhyfel yn erbyn y Ffrancwyr. Roedd yn gyfnod hynod beryglus gan y byddai'r gelyn yn ymosod ar lawer o longau masnach Prydain, yn eu hysbeilio a chymryd y criw yn garcharorion rhyfel. Gydag Ellen yn ddim ond pedair oed ar y pryd, fe berswadiodd ei mam ei gŵr i chwilio am waith ar y lan ac fe benderfynodd yntau agor ysgol i gynnal hyfforddiant mewn morwriaeth (*navigation*) i fechgyn ifanc oedd â'u bryd ar yrfa forwrol.

Profodd y fenter hon yn llwyddiannus ac yn fuan iawn ystyrid yr ysgol yn un o'r rhai gorau yng ngogledd Cymru, gyda nifer y disgyblion yn cynyddu o flwyddyn i flwyddyn. Rhoes y capten yr un hyfforddiant i'w blant ei hun a daethant hwythau'n hyddysg ym mhynciau mathemateg a morwriaeth.

Fel y cynyddai nifer y myfyrwyr golygai hyn na fyddai raid iddo chwilio am gynorthwy-ydd o'r tu allan i'r teulu a chan fod ganddo fab oedd yn anabl, penderfynodd roi'r swydd iddo ef. Nid oedd ganddo le i gynorthwy-ydd arall yn yr ysgol yn Amlwch a gwyddai fod galw mawr am y math yma o ysgol mewn porthladdoedd eraill yng ngogledd Cymru.

Roedd Caernarfon yn borthladd o bwys yn y cylch a'r tebyg yw iddo deimlo bod angen y math yma o wasanaeth yno. Wyddom ni ddim i sicrwydd pa un ai ef a berswadiodd Ellen i ddod i Gaernarfon, ynteu ai ei syniad hi ydoedd. Ond damcaniaeth yw hynny a'r gwir yw i'r ferch ifanc, tua'r 20 oed, ddod i Gaernarfon. Ymgartrefodd yma ac agor ysgol breifat yn New Street i hyfforddi morwyr yn y pynciau hanfodol ar gyfer eu gyrfaoedd.

Yn ôl pob tystiolaeth, ni fu prinder myfyrwyr a buan y daeth yr ysgol yn boblogaidd oherwydd ei gallu diamheuol fel athrawes i drosglwyddo gwybodaeth. Ceir prawf o hyn yng Nghyfrifiad 1841. A hithau bellach yn 30 oed, gwelir ei bod wedi galw am wasanaeth ei chwaer, Lidia Francis, 25 oed, i'w chynorthwyo a disgrifir y ddwy fel 'Schoolmistresses'. Yn yr un Cyfrifiad gwelir bod Ellen yn briod a chanddi un ferch 8 oed, Ellen Francis Edwards. Nid yw enw ei gŵr, Capten Owen Edwards, yno gan ei fod oddi cartref ar y môr ar ddyddiad y Cyfrifiad.

Yn y flwyddyn 1847, fodd bynnag, gyda chyhoeddi adroddiad a gomisiynwyd i edrych i mewn i addysg yng Nghymru, fe geisiwyd ei phardduo fel un nad oedd yn gymwys i redeg ysgol o'r fath. Dau ddyn yn benodol oedd yn gyfrifol am hyn, y Parch. Thomas Thomas, ficer Llanbeblig, a James Foster, prifathro yr Ysgol Rad (National School). Rhan o'r cyhuddiad oedd 'All the navigation that has been learnt here as a science has been taught by an old woman of Carnarvon.' Haerllug yntê? A hithau'n ddim ond 37 oed. Un gred, gan hanesydd nid anenwog, yw mai'r hyn oedd y tu ôl i'r datganiad cwbl annheg hwn oedd atgasedd James Foster, fel Eglwyswr a Thori rhonc, tuag at ddaliadau Rhyddfrydol ac Anghydffurfiol William Francis. Efallai fod sail i hyn gan i'r adroddiad gyfeirio at Ellen Edwards nid yn unig fel 'old woman' ond fel 'Baptist' hefyd. Felly does ryfedd i'r adroddiad hwnnw ddod i gael ei adnabod fel 'Brad y Llyfrau Gleision'.

Byr fu dylanwad y cyhuddiad ar waith yr ysgol, fodd bynnag, oherwydd daeth amryw o ddynion dylanwadol iawn i achub cam Ellen Edwards, rhai ohonynt yn gapteiniaid llongau ac wedi eu dysgu ganddi, heb sôn am athro ysgol arall o'r dref, cynghorydd ac awdur y llyfr *Hanes Sir a Thref Caernarfon*, John Wynne. Mynd o nerth i nerth wnaeth llwyddiant yr ysgol fel y mae sawl adroddiad yn y *Carnarvon & Denbigh Herald* o'r 1850au yn profi, gyda chymaint â 30 a mwy yn pasio eu harholiadau i fod yn gapten neu fêt bob blwyddyn.

Priododd ei merch, Ellen Francis Edwards, yn Eglwys Llanbeblig yn 1853. Morwr oedd ei gŵr hithau, Capten John Evans, a daliodd hi i weithio i'w mam fel athrawes gynorthwyol i ddechrau ac yna'n raddol gymryd drosodd yr awenau.

Saith mlynedd yn ddiweddarach, daeth profedigaeth lem i'r teulu wrth i long Capten Owen Edwards, y *St. Patrick*, gael ei hyrddio ar draeth Colwyn mewn storm. Golchwyd y capten dros fwrdd y llong a bu farw'n 57 oed ar 21 Ionawr 1860.

Yn y flwyddyn 1880, ac Ellen Edwards wedi cyrraedd oed yr addewid, cynigiodd Syr Llewelyn Turner, cyn-Faer y dref, mewn cyfarfod o Ymddiriedolaeth yr Harbwr, y dylid anfon llythyr i'r Llywodraeth yn Llundain yn argymell iddi dderbyn pensiwn am ei gwaith clodwiw am hanner can mlynedd. Ni lwyddwyd i sicrhau pensiwn, ond fe dderbyniodd un taliad o £75 o gronfa'r 'Royal Bounty'.

Bu farw Ellen Edwards yn ei chartref yn Stryd y Degwm, Caernarfon, ar 24 Tachwedd 1889 yn 79 mlwydd oed, a chladdwyd hi ym mynwent Llanbeblig ar y 27ain. Fel y disgwylid, roedd cynrychiolaeth deilwng o gapteiniaid a morwyr o bob gradd yn ei chynhebrwng ac mae'r hir-a-thoddaid hwn sydd ar ei charreg fedd yn dweud y cyfan amdani:

Distaw weryd Mrs Edwards dirion
A gywir gerir, gwraig o ragorion.
Athrawes oedd i luoedd o lewion,
Y rhai uwch heli wnânt eu gorchwylion.
Urddas gaed trwy addysg hon. – Ni phaid llu
Môr ei mawrygu tra murmur eigion.

Madog

Arwr yn 19 Oed

TYBED FAINT O drigolion Gwynedd sydd yn gwybod hanes gŵr a gafodd ei addysg gynnar yn hen Ysgol y Bechgyn ym Mhenrallt Isaf, Caernarfon? Gwelir ei lun uwchben y groes yn y llun uchod o ddosbarth 3A yn y flwyddyn 1930/31. Fe gafwyd y llun gan Mr T. G. Griffith, 16, Stryd Gelert, Caernarfon (y pumed o'r chwith yn y rhes ganol), a mawr ddiolch iddo am dynnu sylw awdur hyn o eiriau at hanesyn echrydus a ddigwyddodd yng nghanol Môr Iwerydd ar ddiwrnod Guto Ffowc yn y flwyddyn 1940.

Roedd John Lewis Jones yn byw gyda'i rieni a brawd o'r enw Leonard yn Stryd Wynne, Caernarfon ar ddechrau'r 1930au ac, yn ôl Tom Griffith, roedd yn arlunydd addawol iawn bryd hynny. Aelod o'r heddlu oedd ei dad a chafodd ei anfon fel heddwas i Nefyn rywbryd yn ystod yr 1930au cynnar, ac yno yr ymgartrefodd y teulu.

Â John Lewis Jones yn 16 oed yn y flwyddyn 1937, fe benderfynodd ar yrfa yn y Llynges Fasnachol ac ymunodd â'i long gyntaf, tancer o'r enw *San Felix*, fel prentis mewn morwriaeth. Y llong honno oedd ei gartref am y naw mis a hanner nesaf a bu hi'n cludo olew o'r Dutch East Indies ac yn ymweld â phorthladdoedd Rio de Janeiro, Montevideo a Buenos Aires. Yna, yn y flwyddyn 1938, ymunodd â thancer arall o'r enw *San Demetrio* ac, yn ôl ei dystiolaeth ei hun, fe ddysgodd lawer mwy am y gwaith yn ystod y cyfnod hwnnw o flwyddyn a naw mis. Ar y llong hon yr oedd pan dorrodd yr Ail Ryfel Byd ar 3 Medi 1939 ac o hynny ymlaen, fel yn achos llawer iawn o fechgyn ifanc, dwysaodd ei hyfforddiant a bu raid iddo dderbyn cyfrifoldebau ynghynt nag arfer.

Roedd y *San Demetrio* mewn confoi o longau a oedd yn cael eu gwarchod gan long ryfel Brydeinig *H.M.S. Jervis Bay* ac am 4.30 o'r gloch ar 5 Tachwedd 1940 ymosodwyd arnynt gan un o longau rhyfel mwyaf yr Almaen, *Admiral Von Scheer*, ac er i'r *Jervis Bay* ymladd yn ddewr iawn yn ei herbyn, yr *Admiral Von Scheer* a orfu, ac yna fe ymosododd ar y llongau masnach yn y confoi gan greu difrod mawr. Cafodd y *San Demetrio* ei tharo sawl gwaith gan ergydion gynnau mawr yr *Admiral Von Scheer*. A hithau bellach ar dân, rhoddodd y Capten Waite orchymyn i bawb adael y llong mewn badau achub am hanner awr wedi pump. Cafodd Jack Lewis, fel yr adwaenid ef yn Ysgol y Bechgyn, ei hun yn un o'r badau a chan i fad achub arall fod yn llawn dŵr, methwyd â'i ddefnyddio a bu raid i'r ail swyddog a'i griw ef ymuno â nhw. Cawsant gipolwg ar fad arall o dan ofal y prif swyddog. Roedd ef dan orchymyn i'w griw rwyfo am eu bywydau o gyrraedd y llong rhag iddi ffrwydro. Gwnaeth criw Jack Lewis yr un modd, ac erbyn hyn roeddynt wedi colli cysylltiad â'r bad arall.

Yn ystod y pnawn drannoeth, 6 Tachwedd, gwelsant long ar y gorwel, ac wedi codi hwyl a nesáu ati sylweddolwyd mai y *San Demetrio* ydoedd, ond gan mor arw oedd y môr nid oedd yn bosib mynd yn ôl ar ei bwrdd. Y diwrnod dilynol roedd y tywydd beth yn well a bu iddynt lwyddo i wneud hynny.

Y *San Demetrio*

Roedd y llong yn dal i fod ar dân a gweithiodd pawb yn hynod galed i'w ddiffodd. Yr orchwyl bwysicaf drannoeth oedd ceisio cael y peiriannau i weithio, ond cyn i hynny ddigwydd bu raid i'r prif beiriannydd a thri arall, gan gynnwys Jack Lewis, roi eu bywydau mewn perygl trwy fynd i berfedd y llong lle roedd nwyon gwenwynig ac yno y buont yn agor falfiau ac yn trin y boeleri.

Yn ystod y pnawn hwnnw cyhoeddodd y prif beiriannydd bod y peiriannau'n gweithio ac y gallent ailgychwyn y llong, ond nid oedd ganddynt unrhyw offer morwriaeth o gwbl, a oedd yn angenrheidiol i lywio'r llong i'r cyfeiriad iawn, a bu raid iddynt ddewis pa un ai mynd yn eu holau i Ogledd America ynteu canlyn ymlaen i gyfeiriad Prydain. Gan fod y tywydd i gyfeiriad y gorllewin yn gwaethygu, penderfynu wnaethant i anelu am adref.

Cymerodd Jack Lewis ei dwrn wrth lyw y llong am yn ail â'r prif beiriannydd a dibynnu yr oeddynt ar yr haul yn y dydd a'r sêr yn y nos i'w cyfeirio tuag at Ewrop. Ar 13 Tachwedd gwelsant dir ar y gorwel, ond yr hyn oedd yn peri poendod iddynt oedd ymhle yn union yr oeddynt. Ai Iwerddon ynteu

Ffrainc? Wrth lwc, roeddynt wedi cyrraedd bae ar arfordir gorllewin Iwerddon. Oddi yno fe gawsant gymorth llong ryfel i'w gwarchod yr holl ffordd i Greenock ar afon Clyde a dyna groeso a oedd yn eu haros. Roedd y prif beiriannydd a'i griw bach wedi llwyddo i drwsio'r pympiau ac fe ddadlwythwyd y cargo, 11,000 o dunelli o olew, gyda dim ond 200 tunnell wedi eu colli o ganlyniad i'r difrod.

Am eu gwrhydri anrhydeddwyd aelodau o'r criw, gan gynnwys y prif beiriannydd Charles Pollard a'r prentis John Lewis Jones. Cafodd y ddau fedal am ddewrder mewn rhyfel (Lloyds War Medal) ac ar 21 Chwefror 1941 derbyniodd y prentis, J. L. Jones, y B.E.M. Yn ychwanegol at hyn cafodd yr oll o'r rhai a ailesgynnodd i fwrdd y llong ran o'r *salvage money* o £14,000 am lwyddo i achub bron y cyfan o'r cargo.

O ganlyniad i'r hanes rhyfeddol hwn am y *San Demetrio* ac aelodau o'i chriw fe wnaed ffilm o'r enw *San Demetrio London*

John (Jack) Lewis Jones

gan Ealing Studios yn y flwyddyn 1943, ac i'r rhai sydd â diddordeb gellir prynu fideo ar y we am £12.99.

Atgyweiriwyd y llong a gwnaeth sawl mordaith wedi hynny, ond ar Ddydd Gŵyl Patrig 1942 fe'i suddwyd gan dorpîdo a daniwyd oddi ar y llong danfor Almaenig U404 a chollwyd pob aelod o'r criw o 48.

Yn ffodus i John Lewis Jones roedd wedi ei gyflogi ar long arall erbyn hynny, a goroesodd y rhyfel. Arhosodd yn y Llynges Fasnachol ac ar ôl sefyll yr arholiadau priodol fe ddiweddodd ei yrfa fel capten. Yna, yn y flwyddyn 1971, yn 50 oed bu raid iddo ymddeol o achos cyflwr ei iechyd a threuliodd weddill ei oes yn ardal Nefyn, gan gymryd diddordeb mawr yn hynt bad achub Porthdinllaen ac yn arlunio. Yn 1986 y bu farw, yn 65 oed.

O.N. Diolch i Meic Massarelli am y llun o'r Capten John Lewis Jones fel oedolyn ac i Gwenllian Jones, y ddau o Ben Llŷn, am y darlun o'r *San Demetrio* ar ôl iddi gyrraedd Iwerddon yn 1940.

Arwydd y Môr-ladron?

RAI BLYNYDDOEDD YN ôl darllenais ebost ar negesfwrdd gwefan Caernarfon Ar-lein gan un a fu'n ymweld â mynwent Eglwys Llanfaglan. Roedd wedi ei gyfareddu o weld yr hyn a alwai yn 'fedd môr-leidr' ac ychwanegai ei fod o'r farn mai bedd Capten Morgan ydoedd. Dangosai gryn bryder ynglŷn â chyflwr y bedd, gan gredu ei fod wedi dod ar draws beddfaen hanesyddol, ac ymholai am fwy o wybodaeth.

Pan oeddwn i'n fachgen, cofiaf i minnau a'm ffrindiau dreulio oriau lawer yn cerdded dros yr Aber ac i ninnau fynd i olwg y bedd hwn sawl tro. Ein barn, bryd hynny, oedd fel yr ymwelydd, mai bedd môr-leidr ydoedd. Hawdd credu hynny, oherwydd penglog a dau asgwrn wedi eu gosod ar ffurf croes yw'r ddelwedd a welir, ond ymhen blynyddoedd wedyn deuthum i ddeall nad oedd a wnelo'r arwydd hwn ddim oll â môr-ladron.

Felly, fe atebais yr ymholydd ar ôl cysylltu â'r diweddar Mr F. Humphreys Jones, hanesydd lleol a ystyrid yn awdurdod ar Eglwys Llanfaglan a'r fynwent, a dyfynnais yr hyn a ddywedodd wrthyf: "Arwydd o farwolaeth yw'r benglog a'r esgyrn ar ffurf croes ac mae ar y bedd hefyd eiriau Lladin sydd, o'u cyfieithu, yn atgoffa'r darllenydd, 'Cofia, bydd raid i tithau farw.'" Ychwanegais fod sawl arwydd tebyg ar feddrodau eraill ar hyd a lled Cymru.

O ganlyniad i'r ohebiaeth ar y negesfwrdd derbyniais ebost gan Mrs Sylvia James o Gaernarfon yn amgáu lluniau o ddau feddfaen yn hen fynwent Llanbeblig ac mae'r ddelwedd dan sylw ar y ddau, ond nid yn hollol yr un fath – yr esgyrn uwchben y benglog yn un ac oddi tani yn y llall. Bedd gŵr o'r enw Richard Foxwist a gladdwyd ym mis Rhagfyr 1615 yw'r cyntaf, a'r ail fedd yw un Mrs Mary Jones, gwraig morwr o'r enw John Jones, a fu farw yn 31 oed yn 1696.

Ni wyddom ragor am y Mary Jones hon, ond roedd y teulu Foxwist yn adnabyddus iawn yn nhref Caernarfon a'r cylch am rai canrifoedd hyd at ddiwedd y 18fed ganrif ac mae gan W. H. Jones yn ei lyfr *Old Karnarvon* (cyhoeddwyd gan H. Humphreys, 1882) sawl cyfeiriad at y teulu hwn. Roedd llawer ohonynt wedi dal swyddi o bwys. Ger yr allor yn Eglwys Llanbeblig mae cofebau i bedwar aelod o'r teulu, sydd yn brawf digonol o'r parch a oedd i'r Foxwists yn y plwyf.

Yn Stryd y Castell yr oedd cartref trefol y teulu ac mae eu harfbais i'w gweld hyd heddiw uwch drws ffrynt swyddfa cwmni Emyr Thomas, Cyfreithwyr, a'r dyddiad arni yw 1628. Mae'n wybyddus hefyd bod un aelod o'r teulu hwn wedi gwasanaethu fel Canghellor Trysorlys Gogledd Cymru, gyda'i bencadlys yn y Porth Mawr, ac un arall, William Foxwist, a oedd yn byw dros y ffordd, yn farnwr a gwleidydd o bwys ac yn Aelod Seneddol am flynyddoedd lawer.

Ond, i ddychwelyd at fedd y Richard Foxwist y cyfeiriwyd ato eisoes, dyma'r geiriau a gerfiwyd arno yn Saesneg y cyfnod:

Heare lieth the Bodie of Richard
Foxwist, Gentleman, whoe maried
Elen Dawghter to William
Thomas of Caernarvon, Esqvier, and
by her had Three sonnes and foure
davghteres; whoe deseased the 27
daie of December 1615.

Yn gwbl annisgwyl, fodd bynnag, deuir ar draws cyfeiriad arall yn y llyfr *Old Karnarvon* at aelod o'r teulu a fu'n ficer Llanfaglan am gyfnod a'i enw ef oedd Llwyd neu Lloyd Foxwist. Credir mai ef oedd yr olaf o'r Foxwists i fod yn berchennog ar y tŷ yn Stryd y Castell. Dywedir ymhellach mai ef oedd mab William Foxwist, Rhythallt, Sir Gaernarfon, a fu farw yn 1791, fel y cofnodir ar ei garreg fedd yn hen fynwent Llanbeblig. Ymddengys enw'r mab ar gist lyfrau yn yr eglwys fel a ganlyn:

LLANFAGLAN
Llwyd Foxwist A.B.
M.H.)
W.I.) Wardens
Octr. 8 1772.

Credir bod y dystiolaeth uchod yn brawf digonol nad oes cysylltiad rhwng yr arwydd sy'n cynnwys y benglog a'r esgyrn ar ffurf croes â môr-ladron. Ond, cyn terfynu, dylwn gyfeirio at ysgrif ddiddorol gan hanesydd arall o blwyf Llanfaglan, Mr Ifor Williams, oedd i'w gweld ar y wefan *www.cofis.co.uk* o dan y pennawd 'Storïau' – 'Dros Raber'. Mae ef yn awgrymu y gall fod ystyron eraill i'r ddelwedd hon, ond unwaith eto, cyfeirio y mae at farwolaeth. Mae un ai'n arwydd fod corff wedi ei godi o'r môr a neb yn gwybod pwy ydoedd, neu'n dynodi bod y sawl a gladdwyd yno wedi dioddef o ryw bla neu'i gilydd.

Bydd rhai o'r bobl lengar yn eich mysg yn cofio darllen neu glywed yr englyn sydd ar fedd dau forwr ym mynwent Llanfwrog, Môn, sydd, fel mae'n digwydd, yn gorwedd yn y bedd agosaf at un y diweddar Barch. John Roberts, gweinidog olaf capel Moreia, Caernarfon. Dyma'r englyn:

Gwŷr yrrwyd i'n gororau – yn welwon
    Ar elor y tonnau;
  Iôr ei hun ŵyr eu henwau,
  Daw rhyw ddydd i godi'r ddau.

Digon o ddewis, felly, i rai ohonoch chwi ddarllenwyr yr hanesyn hwn i wneud eich gwaith ymchwil eich hunain er ceisio datrys gwir ystyr y ddelwedd hon.

Dyddiadur Cofi
yn y Rhuthr am Aur

BYDD LLAWER OHONOCH yn cofio dyddiau ieuenctid a'r straeon am filoedd o Ewrop yn ystod hanner olaf y 19eg ganrif yn rhuthro i wahanol rannau o'r byd i chwilio am aur – y *Gold Rush* fel y'i gelwid ar y pryd. I America yr aeth y mwyafrif, ond nid y cyfan. Aeth llawer i Awstralia i geisio gwneud eu ffortiwn ac mae suddiad y *Royal Charter*, llong a oedd yn cario aur oddi yno ac a faluriwyd ar greigiau Moelfre, Môn, ar 26 Hydref 1859, yn brawf digonol o hynny.

Wel, hanes sydd gennyf ichi'r tro hwn am hen ewythr imi a adawodd ei dref enedigol yn 1887 i fynd i chwilio am yr aur a fyddai'n sicrhau annibyniaeth iddo am weddill ei oes. Yn ffodus gadawodd ddyddiadur o'r flwyddyn 1887 ar ei ôl a thrwy garedigrwydd Mrs Carys Richards, Cae Gwyn, Caernarfon, un a oedd hefyd yn or-nith iddo, cefais ei fenthyg. Ynddo mae hanes y fordaith o Lundain i Awstralia wedi ei gofnodi yn ei ysgrifen ei hun.

Roedd Owen Owen, neu Yncl Owen i ni'n dau, yn fab i John a Jane Owen, 33, Stryd Garnons, Caernarfon ac yn un o chwech o blant (pum mab ac un ferch). Cafwyd yn y cofnod cyntaf yn ei ddyddiadur mai ar 26 Chwefror 1861 y'i ganed a'i fod yn 26 oed yn 1887. Hwyliodd Owen Owen a chyfaill iddo, sef Isaac Parry, ar 2 Ebrill y flwyddyn honno o Lundain am Awstralia. Roedd Isaac wedi ei brentisio'n gigydd a chafodd waith yn Melbourne, tra mentrodd Owen i'r 'Bush' i geisio gwneud ei ffortiwn ar drac y metel melyn gwerthfawr.

Cofnododd Owen, gyda pheth manylder, ryfeddodau'r daith o'r cychwyn, ddydd Gwener 1 Ebrill, hyd at gyrraedd

Melbourne ar 5 Mehefin, yr olaf o'r cofnodion yn y dyddiadur ei hun, ond bod ganddo ddrafft o lythyr a ysgrifennodd i'w deulu ar ddiwedd y llyfryn o dan y pennawd 'Memoranda'.

Am 7 o'r gloch y bore ar 1 Ebrill y cychwynnodd y ddau gyfaill o orsaf reilffordd Caernarfon am Lundain, gan gyrraedd Willesden Junction am 3 o'r gloch y pnawn. Cawsant fwyd yno cyn cychwyn am Fenchurch Street Station, lle'r arhosent dros nos mewn llety cyfforddus yn Leadenhall Street.

Yn gynnar drannoeth aethant i chwilio am yr asiant a'i holi ef ymhle y byddai'r llong, *Port Adelaide of London*, yn galw ar

Tudalen o ddyddiadur Owen Owen

Yr *Adelaide*

49

ei thaith i Awstralia, fel y gallent anfon llythyr adref. Ni allai ef ddweud hynny, ond tybiai mai yn y Cape of Good Hope y byddai. Rhoddodd docyn i'r ddau ohonynt i fynd o Fenchurch Street i Tilbury Docks, lle roedd y stemar wrth angor. Wedi cyrraedd cawsant bryd o fwyd, sef cig eidion berwedig a the a dim arall tan drannoeth. Cychwynnwyd ar y daith i lawr yr afon ac unwaith eto angorodd y llong i ddisgwyl ei thwrn i fynd allan i'r môr.

Ar ddechrau'r fordaith, o 2 Ebrill hyd at 10 Ebrill, mae cofnod o hanes digwyddiadau'r diwrnod yn ddi-fwlch yn y dyddiadur ac yna gwelir bylchau hyd at y cofnod olaf yn y llyfr, sef 5 Mehefin, pan gyrhaeddwyd Melbourne. Erbyn y Sul, 3 Ebrill, roeddynt ar y môr mawr, ond yr unig sylw yn y dyddiadur yw 'Diwrnod braf, yn iach. (Brecwast: tatws, cig eidion a choffi; cinio: cawl a thatws; te: bara a menyn.)'

Tebyg yw'r sylw am drannoeth, 4 Ebrill. Y bore'n braf a nodir mai coffi, uwd a thriog a gafwyd i frecwast. Yna'r manylion am luniaeth gweddill y dydd, a nodwyd bod y tywydd wedi troi a'r môr wedi codi a rhai'n mynd yn sâl. Tir Ffrainc ar y gorwel a mwy'n mynd yn sâl môr a'r llong yn 'rowlio fel pêl' wrth nesáu at Fae Biscay. Erbyn drannoeth, 5 Ebrill, roedd bron pawb o'r teithwyr yn sâl ac ni fwynhaodd Owen na brecwast, cinio na the ac aeth yn ôl i'w wely am 3 o'r gloch y pnawn ac aros yno nes iddynt adael Bae Biscay.

Erbyn 6 Ebrill roedd Owen yn teimlo'n well ond fawr o stumog am fwyd ganddo, ond mentrodd fwyta tipyn o fara a menyn a llymed o de. Roedd y môr yn dal i gorddi a daeth awydd bwyd arno yn nes ymlaen. Gwnaeth ddefnydd iawn ohono cyn mynd i'w wely a chysgu'n iawn. Drannoeth, 7 Ebrill, ni allai fwyta na brecwast, cinio na the. Nododd fod llong hwyliau wedi eu pasio a phawb yn llawenhau gan mai hon oedd y llong gyntaf iddynt ei gweld ers mynd i'r môr. Erbyn hyn teimlai ei fod wedi gwella o'r salwch môr.

Roedd 8 Ebrill yn Ddydd Gwener y Groglith a rhoddwyd bynsan bob un iddynt i wneud iddynt deimlo'n gartrefol, ond nid oedd yn werth ei bwyta gan mor sych ydoedd a doedd y menyn 'yn ddim gwell na saim'. Y capten yn eu rhoi ar *'allowance'* o fara. Bynsan bach arall i de a dyna'r cwbl. Roedd y lluniaeth a gafwyd i ginio yn destun cwyn, ond fe ddelir â hynny yn nes ymlaen. Tebyg oedd y nodiadau am 9 Ebrill. Codi am 7 o'r gloch a brecwast am 8, ond doedd gan Owen ddim stumog i fwyd er bod digon o fisgedi ar gael, 'ond roeddynt yn galed fel cerrig ac yn ddiflas'. Gwyliodd y lleuad yn codi gyda'r nos a'r olwg arni yn ardderchog ac fel pe bai gymaint ddwywaith â'r hyn a gofiai gynt ohoni, a hyn yn codi hiraeth am gartref arno.

Terfynir y rhan gychwynnol o hanes y fordaith gyda sylwadau am y Sabbath, 10 Ebrill, a chyda'r llong yn nesáu at yr Ynysoedd Dedwydd ac yn eu canfod am 8 o'r gloch y bore. Disgrifiai'r dyddiadurwr nhw fel llefydd ffrwythlon iawn, ond ni chawsant fynd o fewn milltiroedd iddynt i flasu'r ffrwyth. Roedd haul canol dydd yn boeth iawn ac yn poethi o ddydd i ddydd o hynny ymlaen, ond nodai ei hiraeth dyddiol am gartref.

Ar y cychwyn rhoes Owen Owen sylw arbennig yn ei ddyddiadur i fanylion fel pryd y codai yn y bore, y lluniaeth a gawsai'n ddyddiol a'r tywydd, ond o 11 Ebrill ymlaen rhoddodd fwy o sylw i'r anturiaethau a ddaeth i'w ran ar weddill y fordaith a gadawai sawl dyddiad heb gofnod, neu rhyw un llinell megis 11 Ebrill 'Diwrnod poeth iawn'; 12 Ebrill 'Yr haul yn annioddefol'; neu ar 14 Ebrill 'Y tywydd yn boeth iawn. Dim pleser i ysgrifennu' ac yna 15 ac 16 Ebrill 'Yr un fath'. Oherwydd hyn ceisir dyfynnu o'r llythyr a anfonodd i'w deulu ar ôl cyrraedd Awstralia, sydd yn gyfuniad o'r hyn a gofnodwyd yn y dyddiadur a'i deimladau am ambell ddigwyddiad. Ymhelaethodd yn ei lythyr am y ddarpariaeth oedd ar gyfer y teithwyr ym mhen blaen y llong. Yno roedd y 'Caban' i letya 50 o bobl mewn chwe ystafell a chafodd Isaac ac yntau eu rhoi mewn un ar gyfer 14 o ddynion ifanc o sawl gwlad Ewropeaidd, ond canmolai yr oll ohonynt gan ddweud eu bod yn 'ddynion ifanc glanwaith ac y gallasech drystio popeth iddynt'. Mae'n bur debyg ei bod yn gyfyng iawn yno, oherwydd amcangyfrifai mai '4 llathen sgwâr' oedd eu hystafell hwy.

Un peth y cyfeiria ato yn ei lythyr yw y siom a gawsai ar y Sul cyntaf ar y môr (3 Ebrill) na chynhelid gwasanaeth ar y Sul ar fwrdd y llong, fel y rhoddwyd ar ddeall iddo oedd yr arferiad ar longau yn cario ymfudwyr. 'Dim yn wahanol i weddill dyddiau'r wythnos gyda'r criw yn mynd o gwmpas eu gwaith fel arfer' oedd ei sylw.

Yn ystod eu hwythnos gyntaf ar y môr, ar 8 Ebrill, cawsant achos i gwyno am yr hyn a gawsant i ginio, sef cawl fel dŵr a phorc wedi mynd yn ddrwg. Aeth yr 14 ohonynt yn eu hystafell i nôl y capten i ddod i'w weld ac fe gondemniodd ef y bwyd a threfnu i gael rhywbeth gwell iddynt. Sylw Owen oedd 'Roedd golwg ddoniol arnom yn martsio fel milwyr ar y dec at y capten i ddod gyda ni i'r caban, ond ni fwynheais i ddim cinio y diwrnod hwnnw. Y capten yn rhoi'r bai ar y cogydd ac yn dweud wrthym am ddyfod ato ef pan fyddai rhywbeth o'i le, ond peidio dod i gyd gyda'n gilydd. Nid oedd am i'r criw wybod rhag codi twrw yn y llong.'

Ar 13 Ebrill, a'r tywydd yn boeth iawn, roeddynt yng ngolwg tir, lle o'r enw Cape Verde. Roedd y tir tua 5 milltir i ffwrdd ond nid oedd na chwch na chreadur i'w ganfod yn unman. Roedd goleudy yn y golwg ac roedd yn rhoi arwyddion gyda fflagiau.

Wythnos yn ddiweddarach, ar 20 Ebrill, a'r gwres yn annioddefol, stopiodd y llong gan fod y boeler yn gollwng a rhoed y stêm allan er mwyn ei drwsio. Ailgychwyn bore trannoeth a chroesi'r cyhydedd am 4 o'r gloch ar 21 Ebrill. Tua 10 o'r gloch y noson honno torrodd yr injan a buont ar stop am dri diwrnod yn dal siarcod a chael eu hanfon oddi ar eu cwrs gan y gwynt. Roedd Owen yn deisyfu iddynt ei thrwsio gynted â phosib gan fod y llong yn rowlio a dŵr yn dod i mewn dros ei hochrau.

Drannoeth, tua 10 o'r gloch, daeth stemar arall i'r golwg. Rhoes y llong ei fflagiau allan fel arwydd ei bod wedi stopio, ond daeth y stemar heibio rhag ofn bod y llong mewn trafferthion ac angen cymorth. Credid nad oedd a'i bod bron yn barod i gychwyn, ond bu ddiwrnod arall cyn gwneud, a phawb yn falch am 10 o'r gloch y bore wedyn pan ailgychwynnodd y llong.

Cofnodai'r dyddiadurwr ddechrau'r wythnos olaf yn Ebrill gyda'r geiriau 'Y 24ain, Sabboth hyfryd, tipyn o awel', a thrannoeth 'Dechrau oeri a phawb yn mynd i lawr i fwyta yn lle bod ar y dec fel arfer.' Adroddai'r cofnod am 26 Ebrill: 'Y tywydd yn dechrau ffyrnigo a moryn yn codi.' Tebyg oedd y tywydd drannoeth, y 27ain, hyd at tua 10 o'r gloch yr hwyr. Erbyn hynny roedd y môr yn torri dros y llong ac aeth Owen i'w wely.

Am 1.30 ar fore'r 28ain y dechreuodd y storm o ddifri. Daeth y môr i mewn i'r llong gan ddeffro pawb. Roedd tuniau a llestri yn cael eu lluchio o'u llefydd ac felly y bu trwy'r nos ac ar hyd y dydd. Dyma'r dyddiad y dechreuodd Owen gofnodi nifer y milltiroedd a hwyliodd y llong yn ddyddiol o 28 Ebrill hyd at 18 Mai. Roedd y ffigurau'n amrywio o 155 i 272 o filltiroedd.

Erbyn 29 Ebrill dechreuodd y tywydd wella. Roedd y gwynt yn dal i chwythu yn weddol gryf, ond roedd hi'n codi'n braf. Roedd y 30ain hefyd yn braf a phawb yn mwynhau tan i'r llong stopio am bedair awr gan fod y boeler eto'n gollwng.

Gwawriodd 1 Mai gydag argoelion am well tywydd:

'Sabboth hyfryd. Ar gyffiniau Cape of Good Hope a'r môr yn wastad fel pe buasem yn edrych ar y tir. Meddwl am gartref. (193 milltir.)' Ond nid oedd y tywydd i barhau, fel y dengys y cofnod am 2 Mai: 'Diwrnod braf a phawb yn iach. Am 7.30 yn y bore gweld llong hwyliau yn dod o gyfeiriad y Cape a gwelwyd amryw eraill yn ystod y dydd. Am 9 o'r gloch y nos cododd yn storm a glaw mawr. (228 milltir.)' Disgrifiai Owen Owen y dyddiau ar fwrdd y llong o 3 Mai 1887 ymlaen fel rhai 'niwlog, gwyntog a stormllyd iawn' a'i fod yn dal i hiraethu am gartref. Pasio'r Cape of Good Hope y diwrnod hwnnw am 10pm (240 milltir). Drannoeth, oherwydd y tywydd a'r môr yn ffyrnigo, gorfodwyd hwy i aros yn y caban ac Isaac yn wael yn ei wely. Trowyd pen blaen y llong i wynebu'r môr mewn '*hurricane*'. Parhaodd y storm trwy'r dydd ar 5 Mai a'r llong yn gorfod mynd filltiroedd o'i ffordd i'w chadw uwchben y dŵr. Roedd Isaac yn bur wael yn ei wely (202 milltir).

Roedd trannoeth, 6 Mai, yn bur braf heb lawer o wynt ond yn foriog a'r llong yn rowlio'n arw (224 milltir). Ddydd Sadwrn, 7 Mai, roedd Owen yn teimlo'n 'reit dda' ac Isaac 'yn gwella yn dda': 'Meddwl am gartref yn enwedig gyda'r nos wrth edrych ar y lleuad a hwnnw'n goleuo fel hanner dydd (230 milltir).' Am drannoeth, 8 Mai, cofnododd 'Sabboth tywyll a niwlog a golwg trymaidd ar yr haul tua hanner dydd ac yn tywyllu gan y niwl a dyn ar wyliadwriaeth ar flaen y llong.'

O 9 hyd 12 Mai ceir hanes byw trwy'r storm fwyaf a wynebodd yr ymfudwyr yn ystod y fordaith. Roedd 9 Mai yn niwlog a glaw mân ar hyd y dydd, y niwl yn dew fel na ellid gweld fawr ddim (245 milltir), a'r 10fed yn ddiwrnod glawog, y gwynt yn oer ac yn cryfhau at gyda'r nos: 'Tipyn o dwrw yn y llong gyda'r peirianwyr (260 milltir).' Ar 11 Mai fe gychwynnodd y storm o ddifri a'r môr yn terfysgu a'r llong yn rhedeg o'i flaen. 'Roedd yn ddychrynllyd gweld y môr a meddwl bod llong yn medru aros ynddo. Rydym yn awr tua 3,000 o filltiroedd o Adelaide (271 milltir)'. Ar 12 Mai roedd y storm yn parhau 'a'r môr yn dod i'r llong yn dunelli'. Cafwyd glaw a chenllysg tua chanol dydd ac yna'n gostegu, ond nid cyn i'r storm greu difrod i'r llong. Collwyd cwch a hwyliau (255 milltir).

Dechreuodd y tywydd wella o 13 Mai ymlaen, ond yr oedd yn dal yn foriog a dyma oedd cofnod Owen ar y diwrnod hwnnw: 'Meddwl y dylaswn fod yn ddiolchgar i Dduw am ein cadw yn y fath storm ac yn bwriadu cyflwyno fy hun yn fwy llwyr iddo (240 milltir).' Bore braf, gwyntog oedd y 14eg ac Owen yn dal i hiraethu am gartref. Glawiodd yn drwm yn yr hwyr a'r gwynt yn gostegu (256 milltir).

Isod gwelir crynodeb o gofnodion Owen Owen am y dyddiadau o 15 Mai hyd 19 Mai:

15 Mai, y tywydd wedi cynhesu a'r môr wedi tawelu. Bwyta cinio ar y dec a phawb yn mwynhau gan iddynt fod yn y caban am ddyddiau (246 milltir).

16 Mai, dal yn braf, ond yn wyntog. 'Twrw mawr yn y caban, pawb yn chwilio am ddŵr i olchi ei ddillad gan eu bod yn bryfaid i gyd a ninnau'n crafu ein hunain fel mwncwns' (226 milltir).

17 Mai, y bore yn dechrau'n stormus a'r môr unwaith eto'n codi, ond yn dechrau glawio tua hanner dydd a'r gwynt yn gostwng. 'Roedd yn dda iawn gennyf hynny gan nad oes arnaf eisiau gweld yr un storm eto' (272 milltir).

18 Mai, y tywydd wedi troi eto, bore tywyll, niwlog a gwyntog. Y teithwyr yn dechrau meddwl a siarad am Awstralia a'r capten yn eu hysbysu y buasai'n eu danfon i'r

lan yn Adelaide gan y byddai'r llong o fewn dwy filltir i'r harbwr' (252 milltir).

Cofnod byr ar 19 Mai: 'Bore braf, y gwynt yn deg a digon ohono. Meddwl am gartref.'

Nid ysgrifennodd Owen air am y dyddiadau Gwener 20 Mai hyd at Sadwrn 28 Mai, pryd y nododd 'Cyrraedd Adelaide am 6 o'r gloch y bore. Mynd i'r lan ac aros yno hyd ddydd Sul.' Ei gofnod nesaf oedd ar 31 Mai, 'Am 4 o'r gloch y pnawn, cychwyn am Melbourne', a deuddydd yn ddiweddarach, ar 2 Mehefin: 'Cyrraedd yma erbyn 7 o'r gloch y nos.' Canlynodd ymlaen i adrodd yr hanes yn ddyddiol o 3 Mehefin hyd y 5ed. Dydd Gwener, 3 Mehefin, 'Bore braf ac yn mynd i'r lan ac aros yno hyd ddydd Sadwrn.' Drannoeth, 4 Mehefin, 'Mynd i'r llong yn ôl heb weld yr un Cymro. Cael newydd da ar ôl cyrraedd – brawd Isaac wedi bod yn chwilio amdano. Mynd yn ôl a chael hyd iddo a gweld llawer eraill o Gymru.' Ysgrifennodd ei gofnod olaf ar y Sul, 5 Mehefin: 'Yn Melbourne ac yn aros yn nhŷ Ellis Thomas, Lonsdale Street. Yn yr hwyr yn gwrando pregeth Gymraeg gan Mr O. Edwards.' Do, bu raid iddo aros yn hir am wasanaeth crefyddol yr oedd wedi ei ddeisyfu er pan aeth ar y llong ragor na deufis ynghynt.

Wedi glanio yn Melbourne, rhaid oedd i'r ddau gyfaill feddwl am ennill bywoliaeth. Cafodd Isaac Parry waith fel cigydd yno ac yn ôl ei ŵyr, y Barnwr Emyr Parry, sy'n byw yn Sir Fôn, Almaenwr oedd perchennog y siop a dysgodd ei daid lawer ganddo am goginio cigoedd oer ac roedd yn arbenigo ym maes selsig Almaenig.

Un bwriad oedd gan ei gyfaill Owen Owen, a hynny oedd mynd i chwilio am aur, felly gadawodd foethusrwydd y ddinas am fywyd caled yn y 'Bush'. Anodd mesur ei lwyddiant, ond gwyddys i sicrwydd iddo ddod o hyd i aur.

Beth amser yn ddiweddarach, aeth brawd Owen, sef John, i Melbourne a llwyddo i gael gwaith yn trin cig gydag Isaac yn siop yr Almaenwr. Yn anffodus, fodd bynnag, aeth John yn wael a bu raid iddo dreulio cyfnod gweddol hir mewn ysbyty. Gorfodwyd Owen i dalu am ei ofal yno ac, wedi iddo wella'n ddigon da, talodd hefyd am docyn iddo ar long i ddychwelyd adref. Gwnaeth hyn dwll sylweddol yn enillion Owen a bu raid iddo fynd yn ôl i'r mwynfeydd i gloddio am ragor o aur.

O'r tri gŵr alltud, John fu'r cyntaf i ddychwelyd adref gan mai byr fu ei arhosiad yn Awstralia oherwydd ei afiechyd. Ni wyddys pa un ai Owen ynteu Isaac oedd yr ail i ddychwelyd, ond deellir i Isaac gael gwaith ar y morglawdd yng Nghaergybi tua dechrau'r 1890au. Cyfarfu â'i wraig, Mary Owen o Langefni, ar yr ynys. Priododd y ddau yn 1894 a ganed tri o blant yno iddynt rhwng 1895 ac 1898, sef Jane, William ac Ebenezer.

Erbyn Cyfrifiad 1901 ceir mai yn Beulah Square, Caernarfon, yr oedd y teulu'n byw ac wedi symud i Margaret Street yn ôl Cyfrifiad 1911. Ond wedi hynny eu cysylltiad ag 20, Pen y Graig (Pool Lane) a gofia'r genhedlaeth hŷn ohonom. Yn ôl y ddau gyfrifiad hefyd, cyfeirir at Isaac Parry fel 'Butcher' ac fel 'Worker' y'i disgrifir yn 1901, lle bu'n rheolwr i gwmni Lake & Co. yn y Bont-rug, ond fel 'Employer' yn 1911. Dyna gychwyn busnes a ddaeth yn hynod lwyddiannus gyda siop yn 8, Stryd y Porth Mawr a ffatri yn lle mae fflatiau Glanymôr heddiw. Bu'r teulu'n hynod ffyddlon i gapel Seilo, Caernarfon. Cafodd Isaac Parry Fedal Gee am ffyddlondeb o dros hanner canrif fel disgybl ac athro i'r ysgol Sul, a bu Mrs Mary Parry yn dysgu'r ABC i'r dosbarth ieuengaf am flynyddoedd lawer. Mae'r Barnwr Emyr Parry yn cofio i'w dad a'i fam, Mr a Mrs Ebenezer Parry, fynd hefo Isaac Parry pan gafodd ei arwisgo â'r fedal

Isaac Parry a Medal Gee

ac ar ddechrau'r 1950au yr oedd hynny. Cadarnheir hyn gan Mr Elwyn Robinson, blaenor yn Seilo a oedd yn Ysgrifennydd ifanc yr ysgol Sul, tua 16 oed, ar y pryd ac a alwyd i fyny i'r fyddin yn 18 oed yn Nhachwedd 1952.

Yn y flwyddyn 1890 y credir i Owen ddychwelyd adref gan i ŵr o'r enw Owen Owen fod ar restr teithwyr llong o'r enw *Salier* a hwyliodd o Awstralia i Brydain bryd hynny. Ni chafwyd hyd i'w enw ar Gyfrifiad 1891, fodd bynnag, ond gallasai nad oedd wedi cyrraedd adref mewn pryd i gynnwys ei enw. Mae Cyfrifiad 1901 yn fwy dadlennol ac yn ei ddisgrifio fel '*Coach Builder*' ac '*Employer*' tra disgrifiwyd ef fel '*Joiner*' 20 oed ar Gyfrifiad 1881. Mae felly'n amlwg iddo wneud digon o arian yn Awstralia i ddechrau busnes ar ei liwt ei hun a chyflogi un neu ragor i'w gynorthwyo. Gyda'r cynnydd yn nifer y ceir ar y ffordd aeth Owen i bartneriaeth hefo'i frawd John ac adwaenid y busnes fel O. & J. Owen, Glo Fasnachwyr, ond daliodd i gadw'r gweithdy ar dir gwesty'r Royal, lle byddai'n gwneud gwaith saer am flynyddoedd lawer ac ymhell ar ôl cyrraedd oed pensiwn. Ei brif ddyletswydd gyda'r busnes glo oedd arolygu'r gwaith o lwytho'r glo i sachau a'u pwyso. Ei frawd oedd yn gyfrifol am y swyddfa ar Stryd Fangor.

I mi, glaslanc yn fy arddegau, braint oedd cael mynd yng nghwmni fy rhieni i ymweld ag Yncl Owen yn achlysurol. Ni phriododd ac ymgartrefodd gyda'i chwaer a'i gŵr, Mr a Mrs Rees Hughes, yn Maesteg, Stryd y Faenol, Caernarfon. Byddai'n mynd â fi i fyny i'w ystafell i ddangos ei 'drysorau' imi ac roedd hynny fel agor y llenni ar ogof Aladin, credwch fi, a diolch eto i Mrs Carys Richards am luniau o rai ohonynt. Maent yn siarad drostynt eu hunain!

Yn ystod ei gyfnod yn Awstralia roedd Owen Owen wedi dod i gysylltiad â thylwyth yn perthyn i'r Aborigine o'r enw

Yncl Owen

Warijerie (dywedir bod 60 ffordd o sillafu'r enw hwn) a
chanddynt hwy y cafodd y ddau *boomerang* sydd i'w gweld yn
un o'r darluniau. Mewn man cyfagos y dywedir iddo ddod o
hyd i'r opal gwerthfawr yn y darlun arall.

Roeddwn i'n 20 oed ac yn y Llu Awyr pan fu farw
Yncl Owen. Roeddwn adref ar y pryd a chofiaf fod yn ei
gynhebrwng yn Hydref 1948. Fe'i claddwyd yn 87 mlwydd
oed ym mynwent Caeathro ac yno hefyd y claddwyd ei hen
gyfaill, Isaac Parry, yn 95 oed yn y flwyddyn 1957. Dau Gofi
anturus yn wir!

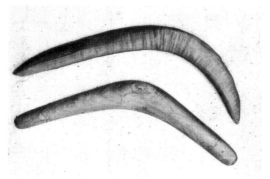 

Rhai o 'drysorau' Owen Owen: y *boomerangs* a'r opal

O.N. Yn ychwanegol at y rhai a enwyd eisoes, diolchaf hefyd
i'r canlynol am eu cymorth i mi tra oeddwn yn paratoi'r
hanesyn hwn: Dr Gwyn Parry, Pen-y-groes, am lun o'i daid
Isaac Parry; y Cyngh. Alun Roberts am ganiatáu imi dynnu
llun o Fedal Gee o eiddo'i fam; Mr Keith Morris, Carnarvon
Traders, am enwau'r llongau *Port Adelaide of London* a *Salier*
a'r manylion am enwau'r teithwyr oedd arnynt, a hefyd am
gopïau o'r Cyfrifiadau perthnasol o 1881 hyd 1911.

Rhan 2
Enwogion
a Rhai o Bobl Dre

Syr Llewelyn Turner
(1823–1903)

DYN AR GYFER ei gyfnod oedd Llewelyn Turner, a'i gyfnod ef oedd cyfnod teyrnasiad y Frenhines Fictoria. Fe'i ganed bedair blynedd ar ôl ei geni hi a bu farw ddwy flynedd ar ôl ei marwolaeth.

Er ei enw bedydd, Llewelyn, nid Cymro o hir dras ydoedd. Yn Sir Gaerhirfryn y ganed ei dad, William Turner. Ef oedd y chweched plentyn mewn teulu mawr ar stad fechan o'r enw Low Mosshouse yn Seathwaite. Deuddeg oed oedd William pan fu farw ei dad, a'i dad bedydd, clerigwr, y Parch. Robert Walker, a fu'n gyfrifol am ei addysgu.

Ar wahân i'r fywoliaeth oddi wrth y stad fechan roedd gan ei dad chwarel lechi, ond pan fu ef farw roedd ei weddw, gyda theulu mor fawr, yn ei chael yn anodd cynnal y teulu i'r safon yr oeddynt wedi arfer â hi, a phan gyrhaeddodd William oedran gŵr penderfynodd ar yrfa yn y diwydiant llechi. Ei athro, Robert Walker, a fu'n gyfrifol am ennyn ynddo'r diddordeb mewn daeareg (*geology*) ac uchelgais William oedd bod yn berchen ar chwarel yng ngogledd Cymru. Gofynnodd i'w frodyr am arian i'w alluogi i gychwyn ar fenter a rhoesant iddo £500.

I gychwyn aeth i bartneriaeth mewn chwarel ger Llanrwst, ond ychydig o elw a wnaeth o'r fenter honno, ac yna llwyddodd i ffurfio cwmni William Turner & Co. i weithio chwarel Diffwys ym Meirionnydd, a phrofodd y fenter hon yn un lwyddiannus dros ben.

Daeth eraill i wybod am hyn a chafodd wahoddiad gan Thomas Assheton Smith i fod yn bartner iddo yn chwarel Dinorwig, a dyna sut y bu i'r teulu ddod i ardal Caernarfon. Un o'r amodau oedd iddo wneud ei gartref yn Parkia ar Ffordd Bangor.

Roedd gwraig William Turner, Jane Williams cyn iddi briodi, o dras Cymreig ac yn perthyn i Griffith Williams, a fu'n Esgob Ossory yn Iwerddon. Rhwng y blynyddoedd 1803 ac 1823 ganed 11 o blant iddynt, a'r cyw melyn olaf oedd Llewelyn Turner.

Pan ddaeth yn amser i Llewelyn ddewis gyrfa, penderfynodd astudio'r gyfraith, ac yn 23 oed cychwynnodd ar ei waith fel twrnai gyda swyddfa yn Stryd y Farchnad. Ond fel gŵr ifanc, ei ddiddordeb pennaf oedd hwylio. Roedd ganddo ei iot ei hun a bu'n cystadlu mewn sawl regata ledled Prydain. Yn 1847, ac yntau'n ddim ond 24 oed, sefydlodd y Clwb Hwylio Brenhinol Cymreig ym Mhorth yr Aur. Er iddo ennill ei fywoliaeth fel cyfreithiwr, bernir mai ei gariad cyntaf oedd popeth a oedd yn gysylltiedig â'r môr. Roedd yn wirfoddolwr gyda Chymdeithas y Badau Achub am flynyddoedd lawer a bu'n aelod o Ymddiriedolaeth yr Harbwr yn y dref ac, yn ddiweddarach, yn gadeirydd arni. Roedd hefyd yn gefnogol i sefydlu'r 'Royal Naval Reserve Force' yn y Batri, lle mae'r Clwb Hwylio ger Doc Fictoria heddiw.

Os oedd Llewelyn Turner yn ddyn ar gyfer ei gyfnod, roedd o hefyd yn ddyn oedd o flaen ei amser. Bwriodd ei hun yn ifanc i fywyd cyhoeddus y dref fel cynghorydd ac yna fel Maer. Etholwyd ef i'r Faeryddiaeth pan nad oedd ond 36 oed a daliodd y swydd am 11 mlynedd o 1859 hyd 1870 – y cyfnod hwyaf i unrhyw faer ers Deddf Diwygio Llywodraeth Leol 1832.

Roedd blynyddoedd ei ieuenctid a hyd at ganol oed yn rhai cyffrous yn hanes Caernarfon, Cymru a Phrydain. Cyrhaeddodd y Chwyldro Diwydiannol ei anterth tua chanol y ganrif a gwelwyd miloedd lawer yn gadael cefn gwlad ac yn tyrru i'r trefi a'r dinasoedd. Cyflogau isel a delid i rai a weithiai ym myd amaeth ac roedd gwell cyfle i deuluoedd gael gwaith gyda thâl uwch mewn ardaloedd poblog. Cymharer poblogaeth plwyf Llanbeblig yn ôl Cyfrifiad 1801 â Chyfrifiad 1861. Roedd bron wedi treblu o 3,626 i dros 9,500 ac roedd hyn yn achosi problemau, a phroblem iechyd yn bennaf. Adeiladwyd tai o safon isel yng nghanol y dref, rhai yng nghefnau tai eraill, ac nid oedd cyflenwad o ddŵr glân na system garthffosiaeth addas ar eu cyfer.

Gwyddai Llewelyn Turner yn dda am y diffygion hyn ac roedd yn awyddus i weld y Cyngor Tref yn cymryd camau i wella'r sefyllfa. Roedd ganddo gonsýrn gwirioneddol am y llai ffodus mewn cymdeithas ac yn ymwybodol o'r peryglon i'w hiechyd. Ceisiodd sawl gwaith i gael cefnogaeth y cynghorwyr i fuddsoddi mewn cynllun dŵr newydd ar gyfer y dref, ond methodd â chael mwyafrif yn y Siambr i fynd â'r maen i'r wal. Roedd y gwrthwynebwyr yn dadlau y byddai hynny'n golygu codiad sylweddol yn y dreth ac na allai'r Cyngor ofyn i'r trethdalwyr ysgwyddo'r baich.

Yn y flwyddyn 1866, fodd bynnag, digwyddodd rhywbeth a orfododd y cynghorwyr hyn i newid eu meddwl. Heintiwyd tua 400 o drigolion y dref gan y colera a bu yn agos i gant ohonynt farw o'r clefyd. Ar 23 Rhagfyr anfonwyd un o feddygon y Swyddfa Gartref, Dr Seaton, i Gaernarfon i geisio bod o gymorth i'r Bwrdd Iechyd Lleol i roi terfyn ar yr epidemig ac i ddarparu adroddiad llawn o'r sefyllfa. Aeth ef yng nghwmni'r Maer, Llewelyn Turner, i ymweld â'r rhannau o'r dref yr effeithiwyd waethaf arnynt. Gwnaeth archwiliad manwl a hysbysodd y Bwrdd Lleol o gynnwys yr adroddiad y byddai'n ei gyflwyno i'w feistri yn Llundain. Beirniadaeth lem ydoedd o'r safon isel o lanweithdra a welsai, a chan nodi pob un o'r diffygion y tynnodd y Maer sylw'r Cyngor atynt sawl tro yn y gorffennol.

Rhoes orchymyn hefyd nad oedd neb i yfed dŵr heb iddo'n gyntaf gael ei ferwi, a 18 diwrnod yn ddiweddarach, ac wedi i 15 arall farw o'r haint, gwelwyd terfyn ar yr epidemig.

O ganlyniad i'r adroddiad beirniadol hwn gorfodwyd y Cyngor Tref i weithredu ar fyrder, a benthycwyd £10,000 o goffrau'r Llywodraeth i helpu ariannu'r cynllun dŵr newydd i'r dref. Bymtheg mis yn ddiweddarach dathlwyd cyflawni'r cynllun trwy agoriad swyddogol y ffowntan ar y Maes, gyda Thywysog a Thywysoges Cymru'n bresennol.

Yn ystod y cyfnod o 1832 hyd at 1866 ymwelodd y colera bedair gwaith â thref Caernarfon, ond ar ôl sicrhau cronfa ddŵr newydd a chyflenwad digonol ar gyfer pawb o'i thrigolion, ni welodd y dref epidemig arall. Roedd Llewelyn Turner, ar ôl blynyddoedd lawer o ddadlau am welliannau i'r dref yn y Siambr, wedi gweld gwireddu un o'i freuddwydion, ond daliodd i frwydro ymlaen gyda chynlluniau eraill i wella'r dref a safon byw ei phobl.

Yn 1854, ac yn ystod Rhyfel y Crimea, lansiodd y Llywodraeth gynllun i hyfforddi gwŷr ifanc i fod yn llongwyr rhan-amser yn y Royal Volunteer Reserve Force a'r bwriad oedd iddynt fod yn barod i amddiffyn y gororau rhag ymosodiadau gan y gelyn. Cynhaliwyd Cyfarfod Cyhoeddus yn y Guild Hall ac anerchodd Llewelyn Turner y gynulleidfa, gan apelio'n daer am i wŷr ifanc y dref ymaelodi. O ganlyniad, sefydlwyd uned yng Nghaernarfon.

Wyth mlynedd yn ddiweddarach, ac yntau bellach yn Faer

y dref, siaradodd Llewelyn Turner eilwaith yn y Guild Hall i apelio am wirfoddolwyr a'r tro hwn rhestrodd rai o fanteision ymaelodi. Am 28 diwrnod o hyfforddiant mewn blwyddyn roedd y Llywodraeth yn cynnig tâl o £6 a phwysleisiodd nad oedd raid treulio'r 28 diwrnod gyda'i gilydd. Gellid trefnu i'w cyflawni mewn pedair wythnos ar wahân ac roedd hyn yn apelio at rai o forwyr llongau hwylio porthladd Caernarfon. Yn ychwanegol at hyn byddai'r Llywodraeth yn talu pensiwn o £12 y flwyddyn am oes i bob un unigolyn am nifer penodol o flynyddoedd o wasanaeth yn y Llynges Ran-amser. Rhoed cymeradwyaeth wresog i'r siaradwr a'r bore Llun dilynol aeth 27 o wŷr ifanc y dref i'r Swyddfa Dollau ym Mhorth yr Aur i ymaelodi.

Meddylier, mewn difri, y gwahaniaeth y byddai £12 y flwyddyn yn ei wneud i gwpl oedrannus yn yr oes honno. Roedd hyn bron hanner can mlynedd cyn i Ddeddf Pensiwn Henoed Lloyd George roi 5 swllt yr wythnos o bensiwn i gwpl yn 1910. Fe allai £12 y flwyddyn neu £1 y mis wneud gwahaniaeth rhwng annibyniaeth lwyr a threulio diwedd oes yn y wyrcws. Oedd, roedd Llewelyn Turner yn ŵr o flaen ei oes.

Cyn gadael y cysylltiad agos a fu rhwng Llewelyn Turner a'r môr ac â morwyr yn gyffredinol, dylid nodi ei gyfraniad mewn lle y mae sôn amdano heddiw, sef Doc Fictoria. Gwyddys am y cynlluniau sydd ar y gweill i drawsnewid y rhan hon o Gaernarfon, gyda chymorth ariannol Amcan Un a buddsoddiadau preifat. Syniad gwreiddiol Llewelyn Turner oedd adeiladu'r Doc presennol ac roedd y cynllun a roes ef gerbron yn llawer mwy uchelgeisiol na'r un y penderfynwyd arno'n derfynol.

Yno mae y Marina heddiw, a chredir y byddai ef, fel un oedd mor hoff o hwylio, yn falch o weld nifer sylweddol o iotiau a llongau pleser yno ar hyn o bryd ac yn ymfalchïo o ddeall am y datblygiad uchelgeisiol sydd ar y gweill o gwmpas y Doc. Da, felly, cofio geiriau ei gofiannydd, J. E. Vincent, sy'n adrodd pa mor drist ydoedd ar ddiwedd ei oes wrth weled cyn lleied o sgwneri'n cario llechi o'r porthladd ac yn hwylio heibio ei gartref, a oedd heb fod nepell o afon Menai.

Syr William Henry Preece (1834–1913)

YN DDIWEDDAR CEFAIS wneud copi o ddarlun o'r hyn a gredir yw cynhebrwng Syr William Preece, gan Mrs Karen Owen, Tyddyn Llwydyn, merch y diweddar Mr Meirion Roberts. Roedd ef yn gyn-ddisgybl gyda mi yn Ysgol yr Hogiau, Penrallt Isaf, yn ystod y blynyddoedd cyn yr Ail Ryfel Byd. Daeth Karen o hyd i'r darlun mewn albwm o eiddo ei thad a mawr ddiolch iddi amdano. Gwyddys mai dyddiad yr angladd oedd 13 Tachwedd 1913.

Mab i R. M. Preece, Bryn Helen, Lon Parc oedd William a chafodd ei addysg gynnar mewn ysgol yn ymyl ei gartref a adwaenir heddiw fel Ysgol Jones Bach. Y perchennog a'r prifathro cyntaf oedd y Parch. J. Hews Bransby, a agorodd yr ysgol yn 1836. Cadw busnes fel bancer a brocer yswiriant oedd R. M. Preece gyda'i bartner John Morgan yn y Cei Banc, lle mae warws R. & I. Jones heddiw. Roedd R. M. Preece yn Weslead selog ac yn un o ymddiriedolwyr capel Ebeneser, ac o 1843 hyd 1845 bu'n Faer tref Caernarfon.

Pan oedd William yn 11 oed anfonwyd ef am ei addysg i Lundain ac nid anodd dychmygu'r daith flinedig a'i hwynebai. Nid oedd y rheilffordd wedi cyrraedd gogledd Cymru bryd hynny, a rhaid oedd iddo hwylio o Borthaethwy i Lerpwl ar stemar araf, yr *Erin-go-Bragh*. Yna aros yng ngwesty'r Adelphi dros nos a thrannoeth mynd am 11 awr o siwrnai mewn trên i Lundain, gan gynnwys awr o aros yn ninas Birmingham.

Addysgwyd ef yn King's College, Llundain, lle'r astudiodd wyddoniaeth. Aeth yr Athro Cowper ag ef i weld adeiladu'r Palas Grisial yn Hyde Park. Adeiladwyd hwnnw ar gyfer yr

Arddangosfa Fawr yn 1851. Fel myfyriwr mewn gwyddoniaeth aeth William Preece i ddarlithoedd Michael Faraday, a dywedodd unwaith fod mwy o ramant iddo ef yn narlith Faraday ar 'Y Gannwyll' nag yn yr holl operâu, dramâu a llyfrau a welodd erioed. Roedd Faraday yn arwr iddo a daeth yn uchelgais ganddo i fod yn gynorthwywr iddo. Gwireddwyd hynny yn y flwyddyn 1853 pan nad oedd ond 19 oed.

Fel gŵr ifanc roedd ganddo hefyd ddiddordeb mewn chwaraeon ac athletau ac ef oedd capten tîm criced King's College School 11 yn 1848/49. Yn ddiweddarach daeth yn iotiwr brwd ac yn hoff o saethu.

Yn 18 oed aeth i weithio i swyddfeydd peiriannydd sifil o'r enw Edwin Clarke a oedd yn gyfrifol am y gwaith haearn o dan Robert Stephenson, y peiriannydd a adeiladodd Bont Britannia, a agorwyd yn 1850. Yn ystod y cyfnod wedi hynny roedd William Preece yn ymwelydd cyson â gogledd Cymru ac fel llawer un arall yn ystyried y bont yn wythfed rhyfeddod y byd. Yn ddiweddarach aeth i weithio i'r Electric and International Telegraphic Company ac yna i'r Channel Islands Telegraphic Company, o'r lle y cafodd ei drosglwyddo i'r Swyddfa Bost yn 1870, fel peiriannydd rhanbarthol i gychwyn ac yna yn brif beiriannydd. Gwasanaethodd ei gyflogwr olaf am 29 mlynedd hyd at ei ymddeoliad yn 1899.

Ei brif ddiddordeb yn ystod y blynyddoedd hyn oedd ym maes telegraffi ac yn gynnar yn ei fywyd coleddodd y syniad ei bod yn bosib trosglwyddo sŵn o un man i le arall heb ddefnyddio gwifrau. Darlithiodd yn gyson ar y pwnc hwn ac roedd ganddo'r ddawn anarferol i wneud ei areithiau'n ddiddorol i'r dyn yn y stryd.

Yn ystod ei oes gwnaeth amryw o arbrofion a bu'n gyfrwng i ddod â gwelliannau lawer i fywydau ei gydoeswyr. Ef oedd y cyntaf i gyflwyno clychau trydan i Brydain ar ôl dychwelyd o Baris, lle y'u gwelodd am y tro cyntaf. Yna, ar ôl cael profiad personol o'r defnydd o deleffonau Alexander Graham Bell yn yr Unol Daleithiau yn 1877, daeth â rhai gydag ef i Brydain a'r flwyddyn ddilynol cafodd y fraint o arddangos sut roedd y system yn gweithio i'r Frenhines Fictoria. Arbrofodd gyda thelegraffi cyn geni Marconi ac anfonodd neges ddi-wifr yn 1882, pan oedd yr Eidalwr enwog hwnnw yn ddim ond 8 oed.

Yna, pan ddaeth Guglielmo Marconi i Brydain am y tro cyntaf yn 1896, rhoes William Preece berswâd ar y Llywodraeth i'w gefnogi a thrwy hynny osod sylfaen ar gyfer y datblygiad mawr ym myd di-wifr. Ef a'i cafodd i sefydlu'r orsaf yn y Waunfawr, heb fod nepell o'i gartref ym Mhenrhos, Caeathro, lle'r aeth i fyw wedi ei ymddeoliad yn 1899.

Er iddo dreulio dros hanner canrif yn Llundain, yn ôl i gylch Caernarfon, ei dref enedigol, y daeth yn hydref ei oes felly. Gadawodd Gaernarfon yn 11 oed ac yn fuan wedi hynny symudodd ei dad, R. M. Preece, a'r teulu oll i Lundain i fyw, ond daliai ef i ystyried mai brodor o'r hen dref ydoedd a balch oedd y trigolion o'i groesawu'n ôl. Prawf o hynny yw iddo gael ei anrhydeddu gan y Cyngor Tref. Yn 1899, rhoddwyd Rhyddfraint Tref Caernarfon iddo ac roedd hwn yn anrhydedd unigryw bryd hynny, oherwydd ef oedd y person cyntaf erioed i'w dderbyn.

Yn ddiweddarach yn y ganrif, yn y flwyddyn 1953, 40 mlynedd ar ôl marw Syr William, fe welodd Clwb Rotari Tref

Caernarfon yn dda i archebu plac er cof amdano, ac yn briodol iawn, ar fur y Swyddfa Bost ar y Maes y'i gosodwyd.

Bu farw Syr Willam Preece ym Mhenrhos ar 6 Tachwedd 1913 a chladdwyd ef ym mynwent Llanbeblig ar y 13eg, a phrin y gwelwyd, yng nghylch Caernarfon, angladd tebyg o ran nifer y rhai a ddaeth i dalu'r gymwynas olaf i ŵr a oedd yn arloeswr yn ei faes.

Syr John Puleston
(1829–1908)

AR Y MUR yn Ystafell Seiont yn yr Institiwt, Caernarfon, mae darlun mawr mewn olew o Syr John Puleston, ac oddi tano ei gleddyf mewn cas gwydr, ac maent yn drysorau gwerth eu gweld.

Prin fod llawer o bobl y dref yn gwybod pwy oedd y gŵr hwn nac am ei gysylltiad â Chaernarfon, er bod y cysylltiad hwnnw'n mynd yn ôl dros saith canrif i'r flwyddyn 1293. Roedd un o'i hynafiaid, Roger de Puleston, yn gyfrifol am hel trethi ar ran Brenin Iorwerth I ac yn byw ym Mhlas Puleston yn Stryd y Plas. Roedd yr adeilad hwnnw yng ngwaelod y stryd ac, fel mae'r enw'n awgrymu, yn adeilad mawr iawn oedd yn cyfateb i dri adeilad sydd ar y safle heddiw, sef siop lestri Carters, y caffi drws nesaf a'r drws nesaf wedyn. Dyma'r union fan lle safai Plas Puleston, ac yn ddiweddarach gwesty fu yno o'r enw y Red Lion. Yn wir, 'Red Lion Street' yr oedd y stryd yn cael ei galw hyd at y 19eg ganrif.

Ar 11 Rhagfyr 1282, lladdwyd Llywelyn ein Llyw Olaf yng Nghilmeri ac yn fuan wedyn concrwyd Cymru gyfan gan fyddin Iorwerth I. Ond yng Nghaernarfon ar ddiwrnod y Ffair Flynyddol ar ddiwedd y flwyddyn 1293, fe ddechreuodd gwrthryfel o dan arweiniad Madog, mab anghyfreithlon Dafydd, brawd Llywelyn. Cymerwyd meddiant o'r castell a llosgwyd rhannau helaeth o'r dref, gan gynnwys y llys ym Mhendeitsh. Daliwyd hefyd Roger de Puleston yn garcharor gan filwyr Madog. Roedd llawer ohonynt yn dod o Sir Fôn, lle roedd de Puleston yn gyfrifol am hel trethi ar ran y Brenin, ac o'r herwydd yn amhoblogaidd iawn. Wedi iddynt ei ddal, ni ddangoswyd dim trugaredd iddo a chrogwyd ef uwchben carreg ei aelwyd yn y Plas.

Mae hanes y teulu hwn yn un diddorol. Normaniaid oeddynt a ddaeth i Brydain ac ymsefydlu yn Sir Amwythig ar ddechrau'r 13eg ganrif, gan fabwysiadu'r enw Pilston neu Puleston, a oedd yn enw ar blasdy yn Newport, Salop. Priododd un o'r teulu, Robert Puleston, â Lowri, chwaer Owain Glyndŵr. Roedd yn gefnogwr brwd o'i achos a chymerodd ran yn y gwrthryfel. O ganlyniad i hyn, collodd ei diroedd yn siroedd Caer, Fflint ac Amwythig, ond yn ddiweddarach rhoes y Brenin hwy yn ôl iddo. Yna, yn ystod teyrnasiad y Tuduriaid, cymerodd y teulu ran flaenllaw yng Nghymru a thrwy'r canrifoedd a ddilynodd.

Ond, i ddychwelyd at y gŵr y mae ei lun ef a'i gleddyf i'w gweld ar fur yr Institiwt, ganed John Henry Puleston ar 2 Mehefin 1829 ym Mhlas Newydd, Llanfair Dyffryn Clwyd, yn fab i John Puleston, un o ddisgynyddion y teulu enwog hwn.

Addysgwyd ef yn Ysgol Ramadeg Dinbych a Choleg y Brenin, Llundain ac aeth i America yn 1856, lle daeth yn enwog fel golygydd dau bapur newydd yno, ac yn ddiweddarach fel bancwr. Adeg y Rhyfel Cartref (1861–1865) cafodd ei wneud yn Gyrnol Anrhydeddus o dan yr Arlywydd Lincoln a dychwelodd i Brydain ar ddechrau'r 1870au.

Bu'n Aelod Seneddol dros Devonport o 1874 hyd 1892, ac yn 1892 ymgeisiodd am sedd seneddol Bwrdeistrefi Caernarfon, fel Ceidwadwr, ond y Rhyddfrydwr David Lloyd George a ddaliodd ei afael ar y sedd a gipiodd oddi wrth y Torïaid ddwy flynedd ynghynt.

Yn 1887 dyrchafwyd John Puleston yn farchog a bu am gyfnod yn Arglwydd Raglaw Dinas Llundain. Gwnaed ef yn Gwnstabl Castell Caernarfon yn 1892, ar ôl marw Arglwydd Caernarfon. Ef oedd yr ail o'i deulu i ddal y swydd hon, a'r ail John Puleston hefyd. Penodwyd ei hynafiad yn y flwyddyn 1506, ac ef oedd y person a ddaliodd y swydd yn hwy nag odid neb arall, cyfnod o 45 o flynyddoedd. Dyrchafwyd yntau'n farchog a bu hefyd yn Siryf Sir Ddinbych o 1543 hyd at ei farwolaeth yn 1551.

Roedd Syr John H. Puleston yn Eglwyswr blaenllaw, yn Geidwadwr o argyhoeddiad ac yn Gymro brwdfrydig. Bu'n Is-lywydd Anrhydeddus y Cymmrodorion, yn drysorydd Cymdeithas yr Eisteddfod Genedlaethol o 1880 hyd 1907 ac ef oedd Cadeirydd cyntaf Clwb Cymraeg Llundain.

Digon o dystiolaeth, felly, iddo gael ei ystyried yn Gymro twymgalon, fel yn wir yr oedd eraill o'i deulu. Roedd Syr John yn ewythr i un o hoelion wyth pulpudau Cymru, gyda'i chwaer Mary Ann Puleston (Mair Clwyd) yn fam i'r pregethwr dall, y Parch. John Puleston Jones. Bu ef yn weinidog yn Ninorwig, Arfon, yn ystod blynyddoedd cynnar yr 20fed ganrif.

Hen Deulu yn Dre

PRIN FOD NEB a fu byw yng Nghaernarfon am gyfnod heb glywed enwi'r teulu hwn ac yn ei gysylltu ag oes y sgwneri a'r prysurdeb hwnnw a oedd yn nodweddiadol o dref Caernarfon fel porthladd allforio llechi yn ystod y 19eg ganrif. Does dim ond rhaid enwi'r Aber, Porth yr Aur a'r cyfenw Pritchard a bydd bron pawb o ddarllenwyr *Papur Dre* wedi dyfalu am bwy rwy'n sôn. Ie, teulu Dafydd 'R Aber, fel yr adnabyddir nhw yn nhre'r Cofis. Afraid dweud bod yr enw hwn yn hŷn o lawer na neb ohonom sy'n byw yma heddiw, ond pa mor hen?

Rhaid mynd yn ôl i ganol y 19eg ganrif i ddod o hyd i'r David Pritchard cyntaf i fod yn gysylltiedig â chario teithwyr mewn cwch dros geg afon Seiont. Yn ôl Cyfrifiad 1851, morwr ydoedd ac yn briod hefo Sarah (22 oed, a aned yn Dartford, Kent) a chanddynt un ferch o'r enw Emma, blwydd oed. Roedd y teulu'n byw yn 7, Shirehall Street (Stryd y Jêl). Ond erbyn Cyfrifiad 1861 roedd David neu Dafydd wedi rhoi'r gorau i'r môr ac yn gychwr, neu *ferryman*, ar yr Aber neu'r Coed Helen Fferi ac erbyn hynny roedd gan y cwpwl dri o blant, Emma, 12 oed, David C., 10 oed, a John B. Pritchard, 4 oed. Yn 1864, fodd bynnag, bu farw Emma a chladdwyd hi ym mynwent Eglwys Llanfaglan. Erbyn Cyfrifiad 1871, David Pritchard oedd y cychwr o hyd, gyda'i fab hynaf David C., 19 oed, yn ei gynorthwyo a'r mab ieuengaf John B., 13 oed, yn dal yn yr ysgol. Disgrifir David Pritchard fel perchennog y cwch erbyn Cyfrifiad 1881 a'i fab David C. yn gweithio iddo ac nid oedd John B. ar y rhestr. Bu farw'r tad yn 1884 yn 76 oed ac erbyn Cyfrifiad 1891 ceir mai perchennog y cwch oedd David C. Pritchard, ei frawd

John B. yn ei gynorthwyo a bachgen o'r enw Griffith Evans, 16 oed, yn *boat boy* iddynt.

Mae'n debygol mai dyna oedd y sefyllfa pan benderfynodd Cyngor Bwrdeistref Caernarfon adeiladu'r bont gyntaf dros yr Aber, a agorwyd yn swyddogol ar Ddydd Gŵyl Ddewi yn 1900. Golygai hyn bod raid i'r Cyngor dalu iawndal, yn ôl cyfraith gwlad, i berchennog y fferi. Ni wyddys yr union ffigwr a dderbyniodd David C. Pritchard mewn iawndal, ond credir iddo fod yn swm sylweddol gan iddo brynu becws ym Mryngwyn, Llanrug, a symud yno i fyw. Yno y ganed ei fab hynaf, David Charles Pritchard, yr un enw â'i dad, ac ar Gyfrifiad 1901 cofnodir ei fod yn 7 mis oed. Yn yr un Cyfrifiad dywedir bod y tad yn *'living on his means'*.

Ni wyddys eto am ba hyd y bu'n mwynhau byw o dan yr amgylchiadau hynny, ond yn y flwyddyn 1908 rhoes ei eiddo, Bryngwyn Bach, yn Llanrug ar werth mewn ocsiwn a gynhelid yng ngwesty'r Sportsman yng Nghaernarfon, ond ni lwyddwyd i'w werthu. Yn ôl a ddeellir, aeth pethau o ddrwg i waeth ac aeth David C. Pritchard i drafferthion ariannol ac yn fethdalwr. Dychwelodd y teulu i Gaernarfon ac yn ôl ei ŵyr, y Cynghorydd Richard Bonner Pritchard, byddai ei dad, o'r un enw eto, yn sôn wrtho'n aml am y cyfnod hwnnw ym mlynyddoedd cynnar yr 20fed ganrif pan fu raid iddo ef a'i ddau frawd, Charles a Bob, gerdded yn feunyddiol i'r Clwb Hwylio ger y Doc i gael prydau bwyd yn rhad ac am ddim. Ei enw ef ar y daith anghysurus honno oedd y 'Walk of Shame'.

Penderfynodd y tri brawd, yn gynnar iawn yn eu hoes, i ddilyn cannoedd lawer o drigolion Caernarfon trwy ddewis gyrfa forwrol. Aeth y ddau hynaf, Charles a Richard, i'r Llynges Fasnachol cyn diwedd y Rhyfel Mawr, gyda Bob yn eu dilyn yn fuan wedi diwedd y rhyfel, ond dychwelyd i'w tref enedigol a wnaeth y tri yn ystod yr 1920au.

Charles oedd y cyntaf i ddychwelyd a dechreuodd ef fusnes

hurio cychod ym Mhorth yr Aur. Yn 1927, y flwyddyn y bu farw eu tad, bu Richard yn ffodus i sicrhau contract i gludo nwyddau gan weinyddwyr y castell ac ar sail hyn fe brynodd lori. Dyna roi cychwyn ar fusnes llwyddiannus iawn a elwir yn Pritchard Brothers, Removals, gyda'i frawd ieuengaf, Bob, yn dod yn bartner a Charles hefyd yn rhannu ei ddyletswyddau rhwng hurio cychod a chario allan gwaith yn lleol a mynd i gyfarfod y trên cyntaf i orsaf reilffordd Caernarfon yn gynnar bob bore.

Ond i ddychwelyd at enwau'r rhai a fu'n gysylltiedig â'r Aber neu'r Coed Helen Fferi, diau i lawer sylweddoli erbyn hyn bod dau David Pritchard wedi treulio blynyddoedd lawer yn cludo teithwyr ar draws ceg afon Seiont a theg gofyn pa un oedd y Dafydd 'R Abar gwreiddiol, ai y tad ynteu'r mab? David Pritchard, 1808–1884, ynteu David Charles Pritchard, 1851–1927? Ac at ba un y cyfeirir yn y gân fach honno a genir gan blant Caernarfon a'r cylch ers cyn cof, 'Mae cwch Dafydd 'R Abar ar y môr'?

Wrth wneud y gwaith ymchwil ar gyfer yr ysgrif hon, dangosodd y Cynghorydd Richard Bonner Pritchard ddarlun

o'i hen daid imi. Darlun a beintiwyd gan arlunydd ydyw ac ar gefn y llun mae y geiriau canlynol: 'DAVID PRITCHARD, 1808–1884'.

Tybed ai dyma'r ateb i'r cwestiwn, a bod y gân fach hon yn dyddio'n ôl i drydydd chwarter y 19eg ganrif? Ac a sylwoch chi hefyd iddo gael ei eni 200 mlynedd union i eleni?

Pedwar pennill sydd i'r gân, a'r llinell gyntaf ym mhob pennill yn cael ei hailadrodd fel a ganlyn:

1) Mae cwch Dafydd 'R Abar ar y môr,
    Mae cwch Dafydd 'R Abar ar y môr.
    O mae cwch Dafydd 'R Abar, cwch Dafydd 'R Abar,
    O mae cwch Dafydd 'R Abar ar y môr.

2) Mae'n llawn o benwaig cochion medda nhw, ayyb.

3) A rheini wedi drewi medda nhw, ayyb.

4) Maen nhw'n ddigon da i'r Saeson medda nhw, ayyb.

Lionel Wilmot Brabazon Rees V.C., O.B.E., M.C., A.F.C.

GANED BRABAZON REES ym Mhlas Llanwnda, Stryd y Castell, Caernarfon yn 1884. Roedd y teulu'n adnabyddus yn y dref a'i daid oedd James Rees. Daeth ef i Gaernarfon o Lundain yn y flwyddyn 1831, ond brodor o Gaerfyrddin ydoedd ac wedi cael ei hyfforddi i fod yn argraffydd. Roedd William Potter a'i gwmni wedi ymsefydlu yma gyda'r bwriad o gyhoeddi papur newydd radical lleol a James Rees a ddewiswyd yn fforman. Rhoesant fodolaeth i'r *Carnarvon & Denbigh Herald*, a ddaeth yn bapur poblogaidd yn fuan iawn.

Yn y flwyddyn 1840, penderfynodd William Potter ymddeol a daeth James Rees yn berchennog y papur. Yn y flwyddyn 1855 cyhoeddwyd chwaer bapur, *Yr Herald Cymraeg*, a dewiswyd James Evans, Cae Llenor, i fod yn olygydd arno. Ymddeolodd James Rees yn y flwyddyn 1871 a James Evans a'i dilynodd fel perchennog, gan nad oedd gan blant James Rees ddiddordeb mewn newyddiaduraeth.

Mab James Rees, y Cyrnol Charles H. Rees, cyfreithiwr yn y dref, oedd tad Lionel a chwaer iau o'r enw Muriel. Dywedir i'r ddau fod yn glòs iawn, gyda Muriel yn hanner addoli ei brawd. Cawsant blentyndod hapus iawn a chofnodir mai hoff bleser Lionel yn fachgen oedd 'chwarae barcud' ar y Cei ac, yn ôl tystiolaeth ei gyfoedion, ef oedd y pencampwr yn eu mysg a hwythau'n synnu at ei feistrolaeth o'r grefft.

Yn naturiol ddigon, i'r fyddin yr aeth y Lionel ifanc, fel ei dad, ac addysgwyd ef yn Eastbourne College a'r Military Academy, Woolwich. Ymunodd â'r Royal Garrison Artillery yn 1903 a threuliodd flynyddoedd yn y Dwyrain Canol, lle cymerodd ddiddordeb mewn daeareg a diwinyddiaeth. Yn 1914 aeth fel *lieutenant* i'r Royal Flying Corps a bu'n ymladd yn y Rhyfel Byd Cyntaf.

Cafodd ei hyfforddi'n beilot a buan iawn y meistrolodd y grefft o hedfan ac o ymladd yn yr awyr, a daeth yn un o'r peilotiaid mwyaf llwyddiannus am saethu awyrennau'r gelyn i lawr. Dyrchafwyd ef o ris i ris gan ddiweddu'r rhyfel fel *Group Captain* ac ystyrid ef i fod yr awyrennwr a dderbyniodd yr anrhydeddau milwrol uchaf yn ystod y Rhyfel Byd Cyntaf. Enillodd y Victoria Cross, yr Air Force Cross a'r Military Cross.

Yn 1919 derbyniodd yr O.B.E. ar restr yr anrhydeddau ac yn y flwyddyn 1920 anrhydeddwyd ef ymhellach trwy i Gyngor Tref Caernarfon roi Rhyddfraint y Fwrdeistref iddo, ynghyd â chleddyf drudfawr.

Fe ddisgwyliech y byddai, erbyn hynny, wedi derbyn mwy na'i siâr o anrhydeddau, ond yr oedd mwy i ddod. Roedd yn aelod o Glwb Hwylio Brenhinol Caernarfon ym Mhorth yr Aur ac yn berchen ar long-fad Loch Fine 12 tunnell o'r enw *May* a adeiladwyd yn yr Alban yn 1902 ac yn cael ei gyrru gan beiriant paraffin dau silindr o'r enw Kelvin.

Yn y flwyddyn 1933 fe benderfynodd Brabazon Rees

y byddai'n wynebu sialens newydd trwy geisio croesi Môr Iwerydd yn y *May* ar ei ben ei hun, gan gychwyn o Borth yr Aur. Y dyddiad oedd 2 Gorffennaf a da yw dyfynnu beth a ddywedodd llygad-dyst am y pnawn hanesyddol hwnnw. Roedd Richard Trefor Jones, brodor o'r dref a ymfudodd i Ganada yn yr 1950au, ar y Cei. Roedd Dic Trefor yn 22 oed ar y pryd, ac yn edrych ar Brabazon Rees ar y slip yn paratoi'r *May* ar gyfer y siwrnai ac yn disgwyl am y llanw, fel y gallai drin y rhaffau i adael i'r starn fynd i li'r Seiont a ddôi o dan Bont yr Aber ac i afon Menai o flaen y Clwb Hwylio. Roedd y Maer a'r Cynghorwyr yno i ddymuno'n dda i'r *Group Captain*. Wedi iddynt ysgwyd llaw ag ef, bwriodd y rhaffau a chychwyn ar ei fordaith fentrus a pheryglus. Arhosodd Dic ym Mhorth yr Aur i wylio'r *May* yn anelu at geg y bar ac yn graddol gilio o'r golwg.

Daeth y fordaith hon i ben yn llwyddiannus ar 21 Hydref 1933. Cyrhaeddodd y *May* Nassau yn y Bahamas ar ôl tri mis ac ugain diwrnod ar y môr a daeth y gamp hon â Brabazon Rees i sylw'r byd y tu allan i'w wlad a'i dref enedigol. Pan ddaeth y Cruising Club of America i wybod am ei orchest yr hyn a wnaethant oedd ei anrhydeddu trwy gyflwyno'r 'Blue Water Medal' iddo. Roedd hwn yn anrhydedd arbennig iawn, oherwydd dim ond un fedal y flwyddyn a gyflwynir gan y clwb.

Yn wahanol i Dic Trefor, a groesodd Fôr Iwerydd hanner cant o weithiau i ymweld â'i dref enedigol, ni ddychwelodd Brabazon Rees i Gaernarfon wedi hynny. Ymgartrefodd yn y Bahamas a phriodi â merch leol. Bu farw yno ar 28 Medi 1955. Er hynny, cyflwynodd y fedal, Medal y Dŵr Glas, i'w hen glwb hwylio ym Mhorth yr Aur ac yno yr erys, y trysor mwyaf gwerthfawr o eiddo'r clwb.

Dylid nodi, fodd bynnag, i Brabazon Rees ddychwelyd i Brydain ddwywaith ar ôl iddo adael Porth yr Aur yn 1933.

'Blue Water Medal' y Cruising Club of America

Y tro cyntaf oedd yn ystod yr Ail Ryfel Byd, i ailymuno â'r Llu Awyr ar ddechrau 1941, ond ni chafodd aros yma'n hwy na phedwar diwrnod ac anfonwyd ef i'r Dwyrain Canol fel swyddog i ofalu am faes awyr yno.

Ddwy flynedd yn ddiweddarach, ac oherwydd ei iechyd, cafodd ei ryddhau a dychwelodd i'r Bahamas. Yna, yn 1953, ac yntau'n dioddef o *leukaemia*, aed ag ef i Ysbyty'r Llu Awyr yn Uxbridge am driniaeth. Fe hoffai fod wedi gallu dod i ymweld â'i dref enedigol bryd hynny, ond nid oedd ei iechyd yn caniatáu ac anfonodd lythyr i'r Maer yn ymddiheuro. Dyma gyfieithiad o'i eiriau:

> Pan wynebwn ar anawsterau yn ystod f'oes byddwn yn dweud wrthyf fy hun, beth fyddai Rhyddfreiniwr Tref Caernarfon yn ei wneud mewn sefyllfa fel hyn? Yna byddai'r ateb yn dod imi yn ddi-feth. Byddai'n cario ymlaen â'r gwaith yn ddi-oed. Dyna y byddwn yn ei wneud a byddai'r anawsterau yn diflannu.

Cofio Meuryn

RYWBRYD TUA DECHRAU'R 1950au ydoedd pan berswadiwyd fi gan gyfaill i ymuno â dosbarth nos (yr hen W.E.A.) oedd yn cyfarfod unwaith yr wythnos yn hen Ysgol y Bechgyn, De Penrallt, yng Nghaernarfon, ysgol y bûm yn ddisgybl ynddi ugain mlynedd ynghynt.

Meuryn (sef Robert John Rowlands, 1880–1967), bardd, beirniad, awdur a newyddiadurwr, oedd yr athro. Adwaenwn ef fel Mr Rowlands, tad Eurys (a ddaeth, wedyn, yn ysgolhaig Cymraeg enwog) ac Elliw a oedd yn gyd-ddisgyblion â mi yn yr Ysgol Sir (Ysgol Syr Hugh, fel y'i gelwir hi heddiw). Gwyddwn, hefyd, ei fod yn gweithio fel golygydd *Yr Herald Cymraeg* cyn iddo ymddeol.

Roedd nifer da ohonom yn aelodau o'r dosbarth, ac roedd y mwyafrif ohonom yn cael cryn drafferth i feistroli rheolau llym Cerdd Dafod. Er hynny, roedd pawb yn dilyn y dosbarthiadau'n rheolaidd o wythnos i wythnos, a chredaf mai'r prif reswm am hynny oedd ein bod i gyd yn mwynhau gwrando ar yr athro'n dyfynnu, yn ei ffordd ddihafal ei hun, englynion a chywyddau oddi ar ei gof. Byddai, wrth gwrs, yn gosod tasgau inni eu cyflawni yn ystod yr wythnos, ond prin oedd y llinellau cywir o gynghanedd a dderbyniai gan y rhan fwyaf o aelodau'r dosbarth.

Roedd yr athro ei hun yn un o'r cynganeddwyr gorau a welais i erioed ac, ar adegau, byddai'n dangos ei arbenigedd yn y maes. Canmolai grefft beirdd fel Thomas Gwynn Jones a'u gallu i lunio llinellau gyda nifer mawr o gytseiniaid yn cael eu hateb mewn llinell saith sillaf. Yr enghraifft o waith Gwynn Jones a ddyfynnai amlaf oedd

Storm oer drist o'r môr drosti

sef cynghanedd groes o gyswllt anghytbwys ddisgynedig gyda naw chytsain yn cael eu hateb ynddi:

```
st    rm  r dr st     r m r dr st
12    34  5 67 89
             12      3 4 5 67 89
```

Fel gwir arbenigwr ar y gynghanedd, mynnai Meuryn fynd gam ymhellach trwy lunio llinell ac ynddi ddeg cytsain yn cael eu hateb, sef cynghanedd groes o gyswllt gymhleth gytbwys acennog:

Droes drymder storm dros ei dir.

Caiff y cynganeddwyr gyfrif y cytseiniaid. Bodlonaf ar eu hatgoffa bod *st* gyda'i gilydd yn cael eu hateb gan *s-d* pan fo'r cytseiniaid ar wahân: hynny yw, y mae *st* yn *storm* (*sdorm* ar lafar) yn cynganeddu â'r *s-d* yn *dros ei **dir***.

Daliai Meuryn nad oedd gan bawb glust i glywed cynghanedd, a'r enghraifft a ddefnyddiai i brofi'r pwynt oedd stori am Eifionydd yn mynd i gartref cyfaill oedd yn byw rhyw ddwy filltir o Gaernarfon. Dyma'r forwyn yn ateb y drws, a'r bardd yn gofyn iddi am gael gweld ei meistr, a hithau'n dweud nad oedd o ddim gartref, gan ofyn am enw'r ymholydd fel y gallai ei hysbysu am yr ymwelydd pan ddôi yn ei ôl. Ac meddai Eifionydd, "Dwedwch wrtho, *Gŵr nerfus o Gaernarfon*." Pan ddaeth y meistr adref, dywedodd y forwyn wrtho fod ymwelydd wedi galw i'w weld. Meddai'r meistr, "Pwy oedd o, felly?" Atebodd hithau, "Wnaeth o ddim rhoi ei enw, dim ond dweud mai *dyn sâl o'r dre* oedd o."

Cofiaf, dro arall, am yr athro'n adrodd englyn buddugol Tom Richards, Y Wern, i'r ci defaid:

Rhwydd gamwr, hawdd ei gymell – i'r mynydd
   A'r mannau anghysbell;
  Hel a didol diadell
  Yw camp hwn yn y cwm pell.

Dyma aelod o'r dosbarth yn gofyn iddo, "Pam y cwm *pell*? Oni fuasai'r ci'n gallu cyflawni'r un gwaith yn nes adref?" "Buasai, wrth gwrs," oedd ateb Meuryn, "ond nid unrhyw gi defaid oedd hwn; roedd o'n gi arbennig iawn a werthwyd gan Alun Jones, pencampwr y byd am rasio cŵn defaid, am £500 i ffermwr o Awstralia. Yno y mae'r *cwm pell*."

Ar adegau, byddai'r athro'n rhannu â ni ei brofiad fel cystadleuydd mewn eisteddfodau, ac roedd o'n teimlo i'r byw am un digwyddiad anffodus a ddaeth i'w ran rai wythnosau ar ôl iddo ennill cadair Eisteddfod yn Lerpwl, o bob man – dros 80 mlynedd yn ôl, bellach. Roedd Meuryn wedi anfon cerdd ar y mesur tri thrawiad, wedi ei chynganeddu drwyddi, i'r gystadleuaeth, ac wedi ennill y gadair gyda chanmoliaeth uchel. Yna, cysylltodd rhywun ag ef yn dweud bod ei gerdd wedi cael ei gwobrwyo – eilwaith – mewn eisteddfod yng Nghymru, a bardd arall wedi ei gadeirio. Aelod blaenllaw o bwyllgor yr eisteddfod yn Lerpwl oedd wedi anfon cerdd Meuryn i'r gystadleuaeth, wedi ei gadeirio, ac wedi derbyn y wobr ariannol. Wrth adrodd yr hanes roedd hi'n amlwg fod Meuryn wedi ei gynhyrfu: "Mae yna enw ar y math hwn o ladrata," meddai'n chwyrn, "sef llên-ladrad, a gallasai'r sawl oedd yn gyfrifol fod wedi gorfod wynebu cyfnod mewn carchar. Erfyniodd arnaf i beidio â mynd ag ef i gyfraith, a thosturiais innau wrtho!"

Ar ddiwedd tymor yr ysgol nos byddai'n arferiad gan yr athro fynd â'i ddosbarth am drip ar ddydd Sadwrn, ac un flwyddyn aethom i Ynys Môn i ymweld â chartrefi enwogion y sir. Aeth yr athro â ni i olwg y Dafarn Goch, cartref y bardd alltud Goronwy Owen, a chawsom dynnu'r llun sy'n cyd-fynd

â'r ysgrif hon yno. (Y mae Meuryn yn sefyll yn y rhes flaen ac wedi diosg ei het; awdur hyn o eiriau yw'r ail o'r chwith yn yr ail res.) Bellach y mae'r llun hwn yn un hanesyddol, oherwydd fe dynnwyd yr adeilad i lawr ac adeiladu bynglo newydd moethus yn ei le.

Yn ddiweddar bûm yn darllen am Robert John Rowlands yn *Y Bywgraffiadur Cymreig* ac fe'm synnwyd braidd o weld nad oes yno gyfeiriad at ei enw barddol. Wedi'r cwbl, y mae'r enw barddol hwnnw wedi dod yn gyfystyr ag un sy'n tafoli gweithiau'r beirdd mewn ymrysonau a thalyrnau – 'Meuryn' yw'r enw a ddefnyddir am feirniad, ac o'r enw fe ffurfiwyd berf, sef 'Meuryna'. Dyma deyrnged deilwng i'r gŵr cyntaf i gyflawni'r gwaith hwn ar y radio. Ond o ble y daeth yr enw barddol hwn? Gofynnais iddo am hyn un tro, a dyma oedd ei ateb: "Brodor o Abergwyngregyn ydw i, ac enw ar gae ar fferm yno yw 'Meuryn'. Hoffais yr enw, a phenderfynais ei fabwysiadu."

Traddodiad Corawl yn Dre

HYNOD FALCH OEDDWN o ddarllen yn ddiweddar lythyr mewn papur newydd yn argymell codi cofeb i'r diweddar Madam Dilys Wynne Williams, a fu'n gymaint o gaffaeliad i dref Caernarfon ym myd canu corawl. Mae yma draddodiad hir yn y maes hwn, a chan fod gan Ganolfan William Mathias gartref parhaol, bellach, yn y Galeri newydd, mae'r awgrym yn un gwerth ei ystyried.

Daeth canu corawl yn boblogaidd iawn yma tua diwedd y 19eg ganrif, gyda phobl fel W. J. Williams (Gwilym Alaw), gwerthwr nwyddau haearn yn y Bont Bridd, a William Jones, clerc ac enillydd y Baton Aur, yn dod i amlygrwydd. Côr Gwilym Alaw a enillodd yn yr Eisteddfod gyntaf i gael ei chynnal yn y Pafiliwn yn 1877, ac enillodd William Jones gyda'i gôr yn Eisteddfod Aberhonddu yn 1889 ac eilwaith ym Mangor yn 1890. Wedi ei hennill ddwywaith, gan Gôr Caernarfon yr oedd yr hawl i gadw'r Baton Aur, ynghyd â'r wobr ariannol o £50. Aeth yn ffrae rhwng yr arweinydd a gweddill y côr ynglŷn â phwy oedd piau'r baton. Aed â'r achos i'r llys yn 1891 a phenderfyniad y barnwr oedd y dylid gwerthu'r baton a rhannu'r arian rhwng yr arweinydd a gweddill y côr. Gwerthwyd y baton am £48 mewn ocsiwn yn y Farchnad, Stryd y Plas, i ŵr o dde Cymru, ond bu raid i aelodau'r côr a'r arweinydd fynd i'w pocedi i dalu eu siâr o gostau'r llys. Cythraul canu gwahanol i'r hyn yr ydym yn gyfarwydd ag o!

Yn fuan wedi hynny daeth gŵr o'r enw John Williams i ofalu am Gôr Caernarfon, gan gychwyn cyfnod llwyddiannus iawn yn hanes y côr. Roedd John Williams yn ŵyr ac yn fab i gerddorion lleol. John Williams y gof, codwr canu yng nghapel

John Williams a'i gôr

Ebeneser ac awdur yr emyn-dôn 'Pool Street' oedd ei daid, a Humphrey Williams, gwneuthurwr clociau yn Stryd Llyn ac arweinydd côr y capel, oedd ei dad. Yn 14 oed, codwyd John Williams yn organydd yn Ebeneser ac ymhen deng mlynedd cafodd wahoddiad i fod yn organydd a chôr-feistr eglwys Saesneg Christ Church, a bu wrth y gwaith hwnnw weddill ei oes.

Yn 1891, ar ôl i'r gŵr o'r De brynu'r Baton Aur, fe'i cynigiwyd fel gwobr yn Eisteddfod Abertawe 1891, a'r tro hwnnw gwnaed yn glir mai'r arweinydd buddugol fyddai piau'r Baton Aur. John Williams a ddewiswyd yn olynydd i William Jones, ond ail wobr a gafodd Côr Caernarfon ac R. C. Jenkins, arweinydd Côr Llanelli, a gafodd y baton.

Os mai ail y gosodwyd ei gôr yn y gystadleuaeth honno, mae record John Williams yn yr Eisteddfod Genedlaethol yn un y gallai unrhyw un fod yn falch ohoni. Rhwng 1891 ac 1912 enillodd wobrwyon fel a ganlyn: chwe gwobr gyntaf, rhannu'r wobr gyntaf â chôr arall unwaith, a'r unig dro y gosodwyd ei gôr yn ail oedd yn Abertawe yn 1891. Fe dderbyniodd hefyd Orchymyn Brenhinol i'w Gôr Meibion Eryri ganu yng Nghastell Windsor yn 1899. Yno cyflwynwyd iddo faton wedi ei addurno â gemau gwerthfawr o law Tywysog Cymru, yn absenoldeb ei fam, y Frenhines Fictoria, oherwydd profedigaeth deuluol. Colli cyfle i ennill y Baton Aur, felly, a chael un mwy gwerthfawr gan y Teulu Brenhinol. John Williams, hefyd, a gafodd y fraint o arwain Côr yr Arwisgiad yn 1911. Yn dilyn buddugoliaeth ei Gôr Cymysg yn y brif gystadleuaeth gorawl yn Eisteddfod Genedlaethol Llundain yn 1909, bu galw mawr ar i'r côr gynnal cyngherddau mewn trefi a dinasoedd ledled Cymru a Lloegr. Bu farw John Williams yn 1917 ar ôl llwyddo i sicrhau lle arbennig i dref Caernarfon yn hanes canu corawl y Deyrnas Unedig.

Nid oes ond un a all gystadlu â John Williams cyn belled ag y mae ennill gwobrwyon mewn Eisteddfodau Cenedlaethol yn y cwestiwn – cystadlu a rhagori, o leiaf o ran nifer – a Dilys Wynne Williams yw honno. Fe'i ganed i rieni Cymraeg yn Ormskirk, Sir Gaerhirfryn yn ystod degawd cyntaf yr 20fed ganrif. Brodor o dref Caernarfon oedd ei thad a'i mam yn dod o Sir Feirionnydd. Treuliodd ei blynyddoedd cynnar yn Nolgellau ac astudiodd gerddoriaeth yng Ngholeg Aberystwyth o dan ofal Syr Walford Davies.

Ymsefydlodd yng Nghaernarfon yn 1934 a daeth yn aelod yng nghapel y Bedyddwyr, Caersalem, lle dewiswyd hi i godi canu. Ffurfiodd Gôr Merched a bu hwnnw'n fuddugol yn Eisteddfod Genedlaethol Abergwaun yn 1936. Erbyn diwedd

Dilys Wynne Williams a'i chôr

yr Ail Ryfel Byd roedd wedi ffurfio Côr Cymysg yn y dref a bu'n llwyddiannus yn Eisteddfod Aberpennar yn 1946, gyda'r Côr Merched hefyd yn fuddugol. Enillodd y Côr Cymysg bedair gwaith yn y Genedlaethol rhwng 1949 ac 1957. Yn Rhosllannerchrugog yn 1961 enillodd dair gwobr gyntaf, gyda'r Côr Cymysg yn ennill y brif gystadleuaeth gorawl a'r ddau gôr arall, y Côr Merched a'r Côr Ieuenctid, hefyd yn fuddugol yn eu cystadlaethau hwythau. Yn perthyn i'r olaf roedd dau enw cyfarwydd iawn ym myd cerddoriaeth, sef Roy Bohana a John Peleg Williams.

Dilys Wynne oedd y ferch gyntaf i gael y fraint o arwain Côr yr Eisteddfod Genedlaethol, a hynny yma yng Nghaernarfon yn 1959. Ar 10 Gorffennaf 1953, yn fuan ar ôl coroni'r Frenhines Elizabeth II, canodd y Côr Cymysg yn y Castell mewn cyfarfod i groesawu'r Frenhines i Gaernarfon, a chafodd yr arweinyddes ei chyflwyno i'w Mawrhydi. Anrhydeddwyd hi hefyd gan Orsedd Beirdd Ynys Prydain trwy ei hurddo'n Dderwydd a dewisodd hithau yr enw barddol Dilys Wynne. Bu farw ar 2 Chwefror 1971, yn 65 oed, a rhoddwyd hi i orffwys ym mynwent Llanbeblig.

Wel, dyna fraslun o ganu corawl yn y dref am gyfnod o gan mlynedd, ac yn sicr ddigon, mae lle i ystyried coffáu mwy nag un o'r arweinyddion hyn, a'r lle delfrydol i wneud hynny yw yn y Galeri.

Tom Griffith (Grenz), Arlunydd Hanesyddol

Nɪᴅ ʏɴ ᴜɴɪɢ y bu Caernarfon yn nodedig am ei beirdd, llenorion a cherddorion, ond magwyd yma hefyd rai oedd yn cymryd mawr ddiddordeb yn y celfyddydau gweledol. Cymerer, er enghraifft, ŵr a ddaeth i amlygrwydd am arlunio strydoedd ac adeiladau nad ydynt yn bodoli bellach a thrwy hyn roi hanes y dref mewn paent. Arlunydd hanesyddol o'r iawn ryw yw Tom Griffith, a faged yn Stryd John Llwyd, y pensaer o Twtil a fu'n gyfrifol am godi sawl adeilad o bwys yn y dref fel capel Ebeneser, gorsaf yr heddlu ym Mhendeitsh, y Farchnad yn Stryd y Plas a'r gwaith nwy ar Ffordd Santes Helen.

Cymerodd Tom at arlunio yn ifanc iawn ac mae ganddo gof o fynd i siop Rathbone Jones yn Stryd Llyn i brynu papur arlunio am geiniog y dudalen. Pan oedd yn 9 oed bu raid iddo dreulio peth amser yn Ysbyty Eryri, Caernarfon, yn gwella ar ôl triniaeth lawfeddygol. Sylweddolodd rhai, bryd hynny, bod ganddo ddawn neilltuol i dynnu lluniau a rhoddodd staff Eryri, ynghyd â'r Dr Hilton Parry, anrheg iddo yn cynnwys tabledi dyfrlliw. Yna dechreuodd dynnu lluniau o rai o'r cleifion a hyd yn oed un llun o Dr Hilton Parry ar ymweliad â'r ysbyty.

Yn yr Ysgol Rad ac Ysgol Segontiwm hefyd, daeth ei ddawn i amlygrwydd a rhoddwyd cefnogaeth iddo gan ei athrawon. Yn 1944, ac yntau'n ddim ond 17 oed, ymunodd â'r Llynges a threulio pedair blynedd yn y Dwyrain Pell. Gwnaeth ffrindiau â theulu o dras Cymreig yn Hong Kong a chyda hwy y treuliodd lawer o'i wyliau pan oedd yn y Llynges.

Aeth y teulu hwn ag ef i'r 'New Territory', lle roedd y golygfeydd yn wahanol, ond gwell oedd ganddo fraslunio'r brodorion, y Tsieineaid, yn eu dillad traddodiadol a'u hetiau arbennig, a merched a phlant yn llafurio wrth ochr y lôn yn torri cerrig ar gyfer y diwydiant adeiladu.

Mae'r tlodi'n adrodd cyfrolau, yn fwy dynol, yn fwy real ac yn llawn teimlad. Yn anffodus, dim ond un llun o'r cyfnod hwn sydd ar ôl yn ei feddiant, un o ferch Tsieineaidd gyda'i mam yn llafurio wrth ochr y lôn. Gadawodd y gweddill o'i luniau yn Kai Tak a Hong Kong.

Pan ryddhawyd ef o'r Llynges aeth ar Gwrs Diploma pum mlynedd mewn Arlunio Masnachol a bu hefyd am ddwy flynedd mewn ysgol nos yn y Coleg Technegol ym Mangor yn astudio o dan Mr Burgess Sharrocks, arlunydd masnachol enwog yn ei ddydd.

Mae'n wir dweud bod pob llun yn adrodd stori, ond teimlai Tom bod ffigurau dynol yn gwneud gwahaniaeth dirfawr i waith creadigol. Dechreuodd baentio lluniau o'r hen Gaernarfon dros 30 mlynedd yn ôl, ar argymhelliad ei ddiweddar gyfaill a'r hanesydd lleol Cledwyn Flynn-Hughes, cyfrifydd a oedd â'i swyddfa y drws nesaf i'r Black Boy yn Stryd Pedwar a Chwech. Ei syniad gwreiddiol ef ydoedd, ond gwyddai Tom, ar yr un pryd, bod hyn yn rhywbeth yr oedd ef hefyd yn awyddus i'w wneud.

Yn ffodus o safbwynt hanesyddol, mae Tom wedi rhoi rhai o'i atgofion fel plentyn ar gynfas, rhai fel llun o'i rieni yn paratoi i addurno coeden Nadolig allan o ddau gylch pren a phapur lliwgar o Woolworths. Derbyniwyd y llun hwn i'w arddangos yn Eisteddfod Genedlaethol Llanelwedd 1993, ynghyd ag un

Addurno ar gyfer y Nadolig yn yr 1930au

Y Gêm Esgid

arall o chwarae 'gêm esgid' ar y stryd. Prynwyd yr olaf gan Dr Alan Armstrong ar gyfer Prifysgol Agored Cymru.

Dyma'r math o luniau sy'n codi hiraeth am oes a fu ac sydd yn boblogaidd gan lawer o deuluoedd a adawodd eu gwlad enedigol a mynd i fyw i wlad dramor, a'r hyn a rydd bleser di-ben-draw i'r arlunydd yw cofio a phaentio rhai llefydd a chymeriadau nad ydynt yn bod bellach. Gwerthfawroga hefyd y gefnogaeth a gafodd gan ei deulu ar hyd y blynyddoedd, ac yn arbennig felly gefnogaeth ei ddiweddar wraig, Odette, a oedd yn hanu o'r Swisdir. Mae'n cydnabod hynny trwy ddefnyddio tair llythyren ei henw morwynol, Enz, a'u hychwanegu at ddwy lythyren gyntaf ei gyfenw, Gr, i ffurfio'r enw Grenz a dyma'r enw a ddefnyddia i arwyddo ei luniau. Mae'r enw Grenz yn ein hatgoffa o'r gair Almaeneg am y ffin, sef *Die Grenze*. Tybed nad oes arwyddocâd yn ei ddewis o enw? Onid y ffaith ei fod yn mynd â ni yn ôl dros y ffin i'r gorffennol yw'r hyn sy'n gwneud ei ddarluniau mor boblogaidd?

Pan ddaw'r orchwyl heibio o orfod dewis anrheg ar gyfer rhyw achlysur arbennig fel dathliad neu ben-blwydd neu adeg y Nadolig, da fyddai cofio am yr arlunydd gyda'r lluniau sy'n llwyddo 'i ddod â ddoe yn ôl' i Gaernarfon, sef Tom Griffith (Grenz).

Rhan 3
Crefydd ac Adloniant

Saith Can Mlynedd o Addoli yn Dre

Eglwys y Santes Fair

SAITH CAN MLYNEDD yn ôl cychwynnwyd adeiladu Eglwys y Santes Fair, neu Eglwys Dre fel y'i gelwir yma yng Nghaernarfon. Dechreuwyd ar y gwaith yn 1307, chwarter canrif ar ôl cwymp yr olaf o'r Tywysogion Cymreig, Llywelyn ein Llyw Olaf, yn 1282.

Yn fuan wedi hynny rhoes y Brenin Iorwerth I orchymyn i godi'r castell a mur o amgylch y dref a rhoes y cyfrifoldeb am y gwaith adeiladu yn nwylo Walter of Hereford, pennaeth y seiri meini. Credir i'r gwaith o godi'r mur gael ei orffen mor gynnar ag 1290. Cynorthwyydd y pennaeth oedd gŵr o'r enw Henry de Ellerton, un a fu'n gysylltiedig â gwaith adeiladu'r castell er y cychwyn yn 1284. Yn 1307, ac o ganlyniad i gymhorthdal gan y Goron, gwnaed Henry de Ellerton yn gyfrifol am adeiladu siantri neu gapel a'i wneud yn rhan o'r mur ar ochr ogledd-ddwyreiniol y dref. Bu farw Walter of Hereford yn 1315 a phenodwyd Henry de Ellerton i swydd y pennaeth. Ymddengys nad oedd y siantri wedi ei lawn orffen, oherwydd cafwyd hyd i ddogfen yn cofnodi i wydrau gael eu gosod yn y ffenestri yn 1316 a thybir mai dyma pryd y cwblhawyd y gwaith adeiladu. Penodwyd caplan i ofalu am y siantri a rhoddwyd defnydd o 33 acer o dir at ei wasanaeth, ynghyd â degwm oddi wrth felinau y dref. Dyletswyddau ysgafn oedd ganddo, megis gweinyddu'r offeren yn ddyddiol, ac nid oedd galw arno i lanw swydd offeiriad plwyf.

Newidiodd y sefyllfa yn y flwyddyn 1388 pan atodwyd y capel i fod o dan ofalaeth Llanbeblig a'r fywoliaeth yn cael ei throsglwyddo i Leiandy'r Santes Fair yng Nghaer, trwy orchymyn y Brenin Rhisiart II. Y lleianod wedyn oedd â'r hawl i benodi ficer Llanbeblig a thalu ei gyflog, a dyna fu'r drefn hyd at ddiddymiad y mynachlogydd o dan y Tuduriaid yn y 16eg ganrif.

Hyd at yn ddiweddar, roedd llawer yn credu mai o dan Esgobaeth Caer yr oedd plwyf Llanbeblig o ddyddiau cynnar Capel y Santes Fair hyd at y Datgysylltiad a sefydlu'r Eglwys yng Nghymru yn 1920. Fodd bynnag, pan sgwennodd ysgrifenyddes Pwyllgor Dathlu 700 Mlynedd y Santes Fair, Miss Norah Davies, at Esgob Caer yn ei wahodd i'r dathliadau cafwyd ar ddeall mai yn 1543 y daeth Esgobaeth Caer i fodolaeth a chyn hynny, er mawr syndod i'r offeiriaid a'r aelodau yn lleol, rhan o Esgobaeth Lichfield oedd plwyf Llanbeblig.

Pensaernïaeth Seisnig gynnar sydd i'r Santes Fair ac nid oes dim o nodweddion pensaernïaeth Gymreig iddi. Mae'r colofnau a'r arcedau gwreiddiol o'r 14eg ganrif yn dal i fod yno, ond gwnaed llawer o atgyweiriadau i'r adeilad ar hyd y blynyddoedd. Ar ddechrau'r 19eg ganrif pasiwyd deddf yn y Senedd yn caniatáu dymchwel yr hen adeilad ac adeiladu un helaethach ar y safle. Enw'r pensaer a benodwyd oedd Mr Dale ac roedd ef yn byw yn y dref ar y pryd. Corfforaeth Tref Caernarfon a oedd yn gyfrifol am y cyllid. Roedd cysylltiad agos rhwng y fwrdeistref ac Eglwys y Santes Fair – rheswm arall dros ei galw'n Eglwys Dre. Ar ôl diddymu'r mynachlogydd yn ystod teyrnasiad Harri VIII cafwyd llawer o swyddogion cyllidol y Goron yn edrych i mewn i arian a oedd yn perthyn i wahanol sefydliadau, fel yn wir yn achos Eglwys y Santes Fair ei hun.

Rhwng 1810 ac 1814 y gwnaed y gwaith o ailadeiladu a rhaid oedd defnyddio powdwr du (*gunpowder*) i agor agennau ym mur y dref sy'n wynebu i'r gogledd, cyn gosod y ffenestri mawrion. Caewyd hefyd ddrws yn eu hymyl a defnyddiwyd y rhan fewnol ohono i wneud alcof ar gyfer eisteddle'r Maer. Yno y byddai Barnwyr y Frawdlys yn eistedd ac felly hefyd y Prif Ynad ar Sul y Maer, hyd at 1864, pryd yr agorwyd yr eglwys Saesneg ei hiaith, Christ Church.

Ailagorwyd Eglwys y Santes Fair ar 20 Chwefror 1814, a gellir darllen blwyddyn yr atgyweiriad ar gerrig mân gwynion ar waelod mur deheuol iard yr eglwys. Buan iawn y sylweddolwyd, er yr holl waith, nad oedd eto ddigon o eisteddleoedd ar gyfer yr addolwyr. Felly, yn y flwyddyn 1819, ychwanegwyd orielau at yr adeilad er ceisio gwella'r sefyllfa. Derbyniwyd cymhorthdal gan y Gymdeithas Gorfforedig Adeiladu Eglwysi i rannol dalu am y gwaith, ar yr amod bod eisteddleoedd yn cael eu cadw ar gyfer disgyblion Ysgolion Cenedlaethol. Dymchwelwyd y rhai hyn yn y flwyddyn 1876.

Dim ond un newid arall a wnaed i'r adeilad ei hun yn ystod yr 20fed ganrif a hynny oedd gwneud i ffwrdd â drws a arferai wynebu'r Cei Mawr ac afon Menai, ac ar 8 Mawrth 1928 rhoes Mr H. Harold Hughes o Swyddfa'r Esgobaeth ym Mangor ganiatâd i'r gwaith hwn gael ei gario allan. Trwy'r drws hwn yr arferai'r addolwyr ddod i mewn i'r Eglwys a bu llawer o gwyno yn ei gylch, yn enwedig yn y dyddiau cyn adeiladu Wal y Cei, fel y'i gelwir. Ar adegau pan fyddai llanw uchel, byddai dŵr yn dod i mewn i'r Eglwys a rhaid oedd gosod *duckboards* ar lawr y tu mewn i'r drws, rhag i'r addolwyr gario baw a mwd i'r addoldy.

Fel un a aned ac a faged o fewn muriau'r dref mae bron pob carreg yn dwyn atgofion i mi a chofiaf yn dda chwarae pêl-droed ar y Cei Mawr yn yr 1930au, ond ychydig a feddyliem ni, 'hogiau lawr dre', mai olion mynedfa i Dŷ Duw oedd pyst y gôl prin ddegawd ynghynt. Os gwir bod y fynedfa honno wedi cau ac nad oedd ein sgiliau fel pêl-droedwyr yn fawr, roeddem yn anelu i'r cyfeiriad iawn!

Olion yr hen fynedfa

Ymladd Rhagfarn

Y Tad John Hugh Jones a'i feic *penny-farthing*

I RAI FEL ni sy'n byw yn yr oes oddefgar hon, anodd credu bod cymaint drwgdeimlad wedi bodoli yn ein tref yn y dyddiau a fu a hynny rhwng y gwahanol enwadau crefyddol, ac yn enwedig felly rhwng yr Eglwys Wladol ac Ymneilltuwyr.

Yn 1872, fodd bynnag, ychwanegwyd at gymhlethdod y sefyllfa gyda Chymro Cymraeg ei iaith, 29 oed, yn cyrraedd Caernarfon i ofalu am yr Eglwys Gatholig. Ef oedd y Tad John Hugh Jones, brodor o'r Bala. Roedd ef ei hun yn brofiadol o fod yn ffrwyth priodas gymysg, gyda'i dad yn Eglwyswr a'i fam yn Fethodist Calfinaidd ac yn wyres i bregethwr eithaf enwog yn ei ddydd, Dafydd Cadwaladr. Modryb i'w fam hefyd oedd Elizabeth Davies (Betsi Cadwaladr), 1789–1860, a fu'n weinyddes yn Balaclafa adeg Rhyfel y Crimea. Aeth yno yn 1854 pan oedd yn 65 oed a bu'n cyd-weinyddu â Florence Nightingale.

Yn ôl Cyfrifiad 1851, gyda'i daid a'i nain, John a Sarah Jones, roedd John Hugh a'i chwaer Margaret Elizabeth yn byw. Roedd ef yn 7 oed a'i chwaer yn 4 oed. Yn y fferm agosaf atynt, Tanrhiw, roedd ei fam a'i dad, John a Mary Jones, yn byw gyda brawd a chwaer arall i John Hugh a Margaret Elizabeth. Addysgwyd ef yn Ysgol Ramadeg y Bala a chafodd ei dderbyn i Goleg Rhydychen yn 1862 gyda'r bwriad o fynd yn offeiriad yn yr Eglwys Wladol. Yn ystod ei gyfnod yno daeth o dan ddylanwad eraill a mabwysiadodd y ffydd Gatholig. Yn 1865 derbyniwyd ef i'r ffydd gan y Dr John Henry Newman, Cardinal Newman yn ddiweddarach, a bu raid iddo adael Rhydychen heb radd. Treuliodd y chwe blynedd rhwng 1865 ac 1871 yn paratoi ei hun ar gyfer offeiriadaeth Babyddol yng ngholeg diwinyddol St Edmunds yn Ware ac yng Ngholeg Beuno Sant, coleg y Jeswitiaid, yn Nhremeirchion, Sir y Fflint. Yn 1871 fe'i hanfonwyd i Fangor fel diacon, lle bu'n pregethu'n rheolaidd yn Gymraeg ac yn Saesneg. Cafodd lawn urddau yn 1872, ac ar Sul y Blodau y flwyddyn honno dechreuodd ar weinidogaeth hir yng Nghaernarfon.

Y Tad John Hugh Jones oedd y trydydd offeiriad, a'r Cymro cyntaf, i wasanaethu yng Nghaernarfon. Ffrancwr o'r enw y Tad Francis Lansard D'Elbine oedd y cyntaf ac o 1866 tan ddiwedd 1868 y bu ef yma. Dilynwyd ef gan ragflaenydd y Tad John Hugh Jones, sef Gwyddel, y Tad John J. O'Callaghan, a ddaliodd y swydd o 1869 hyd 1872. Yn ystod gweinidogaeth y ddau hyn llwyddwyd gyda chymorth gwraig gyfoethog, Mrs Rose Wilberforce, i sefydlu eglwys yn 7, Stryd y Goron i ddechrau, ond yn ddiweddarach llwyddwyd i brynu tŷ helaeth yn Stryd Eleanor am £250 oddi ar ŵr a fu'n gyfrifol am ei adeiladu ond a aeth i drafferthion ariannol.

Pan gychwynnodd y Tad J. H. Jones ei weinidogaeth yn y dref roedd y tŷ a adnabyddid fel y 'Catholic Chapel House' mewn cyflwr drwg iawn gyda'r waliau yn damp a glaw yn dod i mewn trwy dyllau yn y to a bu raid gwneud atgyweiriadau lawer. Defnyddid y rhan uchaf o'r tŷ fel capel a buan y sylweddolwyd nad oedd digon o le yno fel roedd y gynulleidfa'n cynyddu, nac ychwaith ar gyfer yr ysgol ddyddiol a gynhelid yno. Yn ogystal â'i waith bugeiliol treuliai y Tad Jones bum awr y dydd bum niwrnod yr wythnos yn dysgu'r plant. Rhoes ei fryd ar adeiladu capel a fyddai'n dal 200 o addolwyr ar safle y drws nesaf i'r Tŷ Capel Catholig a chyflawnwyd hynny ar gost o £445.

Galwyd yr eglwys yn Santes Helen ar ôl mam Cwstennin Fawr. Gosodwyd y garreg sylfaen yn Awst 1888 ac er i ddau bapur lleol, y *North Wales Chronicle* a'r *Carnarvon & Denbigh Herald*, ymddangos yn bur gefnogol i'r datblygiad, daeth gwrthwynebiad ffyrnig o gyfeiriad y *North Wales Observer and Express* ac ymddangosai'n eglur bod drwgdeimlad yn dal i fodoli yn y cylch yn erbyn Catholigion, er eu bod yn cydnabod llafur diflino y Tad John Hugh Jones. Roedd y papur yn dal i deimlo'n anniddig am y datblygiad ym mhresenoldeb y Catholigion a dyma'r ergyd a fynegai ragfarn y papur: 'The poor classes in Twthill ought to be trained in the pure untarnished truths in the Christian religion, in preference to the vague and meaningless traditions of the Romish Church with its idolators.'

Nid oedd yr ymdeimlad gwrth-Gatholig wedi newid fawr ers y blynyddoedd cynnar yn Stryd y Goron pan aeth amryw o bobl leol i geisio amharu ar y rhai oedd yn addoli yno. Dim ond trwy ymyrraeth Mrs Rose Wilberforce, a roes gerydd iddynt yn eu hiaith eu hunain, y llwyddwyd i'w darbwyllo. Ychydig, fodd bynnag, o'r atgasedd hwn a brofodd y Tad J. H. Jones yn ystod y cyfnod y bu ef yn gofalu am ei braidd yn y dref. Diau fod a wnelo y ffaith ei fod yn Gymro Cymraeg â hynny, ond cododd yr hen ragfarn ei phen pan wnaeth y Tad gais am gymhorthdal i redeg yr ysgol. Er iddo gael cefnogaeth gan gynrychiolwyr yr Eglwys Wladol, gwrthodwyd y cais gan y mwyafrif o'r Ymneilltuwyr ar y pwyllgor a phenderfynodd y Tad Jones ymladd etholiad i fynd ar y Cyngor Tref. Er nad oedd ond 19 o Gatholigion ar y rhestr etholwyr, etholwyd ef gan mor boblogaidd ydoedd yn y dref. Wedi'r cyfan, onid oedd yn berson hynaws ac i'w weld yn aml ar gefn ei feic *penny-farthing* yn mynd i ymweld â'i braidd? Etholwyd ef ar Fwrdd Ysgolion Caernarfon ac yn aelod o Bwyllgor y Llyfrgell, lle roedd yn uchel iawn ei barch. Mater o amser ydoedd wedyn cyn i'w ysgol gael ei rhoi ar restr y Bwrdd Ysgolion.

Erbyn 1893 roedd yn teimlo'n ddigon hyderus i ysgrifennu 'Pa mor wahanol yw'r flwyddyn hon i 1865, pan edrychai fy nghyd-Gymry arnaf yn llygatraws, gan ddatgan imi bechu'n anfaddeuol wrth ddod yn Babydd.'

Bu'r Tad J. H. Jones yn gweinyddu yng Nghaernarfon am 36 o flynyddoedd ac yn 1908 fe'i hanfonwyd gan yr Esgob i Goleg y Santes Fair, Treffynnon i ddysgu Cymraeg. Yno y bu tan ei farwolaeth ar 15 Rhagfyr 1910, a chladdwyd ef ym mynwent Pantasaph, heb fod nepell o fedd yr Esgob Brown o Amwythig, sef y sawl a'i hordeiniodd.

O.N. Dymunaf ddiolch i'r canlynol am eu cymorth gyda'r ysgrif hon: Y Parch. Harri Parri am fy annog i'w hysgrifennu ar gyfer *Papur Dre*; a Miss Margaret Kelly a Mr Leslie Larsen, aelodau o'r Eglwys Babyddol, am fy nghyfeirio at lawer o'r deunydd hanesyddol.

Seilo'n Dathlu'r Cant a Hanner (1859–2009)

Roedd 1859 yn flwyddyn arbennig yn hanes crefydd yng Nghymru ac yng Nghaernarfon hefyd, fel y gŵyr y cyfarwydd, ond da fyddai inni aros ennyd i ystyried rhai o ddigwyddiadau'r flwyddyn nad oeddynt yn gysylltiedig ag ymweliad yr Ysbryd Glân.

Digwyddiad mwyaf trist oedd yr un ar arfordir Moelfre, Môn pan hyrddiwyd y *Royal Charter* yn erbyn y creigiau ac y collwyd dros 400 o fywydau ar fore 26 Hydref. Trychineb oedd a ddaeth i sylw'r byd a denodd lu mawr o newyddiadurwyr i'r pentref bach, ac yn eu mysg lenor enwocaf Lloegr ar y pryd, sef Charles Dickens. Cofnododd ef yr hanes mewn llyfr o'r enw *The Uncommercial Traveller*.

Yn Llundain yn ystod yr un flwyddyn, cyhoeddwyd dau lyfr gan wŷr y daeth eu henwau'n gyfarwydd am resymau yn ymwneud ag esblygiad ac â gwleidyddiaeth. Un llyfr oedd *On the Origin of Species by means of Natural Selection* gan Charles Darwin, a cyhoeddwyd ar 24 Tachwedd, a dyna dderbyniad a gafodd hwnnw. Cymysgedd o syndod ac o wrthdaro ffyrnig, ond waeth pa'r un, gwerthwyd yr oll o'r argraffiad cyntaf o fewn wythnos. Yr hyn a gynhyrfodd y dyfroedd oedd y ddamcaniaeth mai o ymlusgiaid ac anifeiliaid y daeth dyn i fodolaeth. Eto yn yr un flwyddyn, cyhoeddwyd *A Critique of Political Economy* gan yr Almaenwr alltud Karl Marx, y comiwnydd a feirniadai'n hallt ddylanwad materoliaeth ar hanes.

Wel, dyna gipolwg ar rai o ddigwyddiadau'r flwyddyn 1859, a'r hyn sy'n rhyfeddol yw mai yn ystod y flwyddyn honno yr ymwelodd pwerau'r Drindod â Chymru fach, yn union fel petai'r Hollalluog yn gwrthod caniatáu i Charles Darwin a Karl Marx gael y gair olaf. Gwerth yw dyfynnu esgyll englyn Eifion Wyn i'r Diwygiad:

Eneidiau'n troi: Duw yn trin
Agoriad calon gwerin.

Mi rydw i, er fy holl ffaeleddau, yn digwydd bod yn un o'r aelodau prin rheini yng nghapel Seilo heddiw a all olrhain hanes ei deulu yn ôl i sefydlu'r achos gan mlynedd a hanner i'r flwyddyn hon, 2009, a chyn hynny hefyd. Aelodau ym Moriah oedd William Davies, New Street, ei wraig a'i blant, a ganed a bedyddiwyd ei ferch, Jane Davies, yn y flwyddyn 1829. Hi oedd yr unig blentyn i gael ei bedyddio yn ei chartref, sydd yn awgrymu'n gryf ei bod yn wachul ac nad oedd disgwyl iddi fyw, ond byw a wnaeth a bu farw yn Ionawr 1924 yn 94 oed. Hi oedd fy hen nain ar ochr fy mam a phriododd Jane gyda brodor o Ffestiniog o'r enw John Owen. Cawsant chwech o blant, pum mab – William, Thomas, Owen, John, David – ac un ferch, Elizabeth Ellen.

Pan agorwyd yr ysgoldy yn Nhanrallt yn 1856 anfonwyd

Jane Owen

rhai o aelodau blaenllaw Moriah ac Engedi i ofalu am yr achos yno ac yn eu mysg roedd John Owen, gŵr Jane, glo fasnachydd. Dywedir iddo fod yn ddiwyd iawn wrth y gwaith hyd ei farwolaeth yn 1882 ac yntau'n ddim ond 58 oed.

Yn 1859, a chyda'r rhai a fynychai'r ysgoldy ar gynnydd, penderfynwyd sefydlu eglwys yno ac o fewn dwy flynedd codwyd y ddau flaenor cyntaf. Daethant yno o Engedi, Henry Edwards a George Williams, a buont yn gysylltiedig â'r ysgoldy mewn llofft, bedair blynedd cyn codi Ysgoldy Tanrallt. Buan y sylweddolwyd bod yr ysgoldy yn llawer rhy fychan ar gyfer y gynulleidfa a phenderfynwyd codi capel heb fod nepell o'r safle. Agorwyd capel Seilo yn 1869 ac yn gynnar yn y flwyddyn 1870 aed ati i godi rhagor o flaenoriaid. Fe gafwyd dau, sef fy hen daid John Owen ac Evan Hughes, tad y diweddar Barch. J. E. Hughes, 1865–1932, trydydd gweinidog y capel o 1894 hyd 1926.

Yn 1881 y daeth y Parch. R. R. Morris yn fugail ar Seilo, yn dilyn marwolaeth ei ragflaenydd a gweinidog cyntaf Seilo, y Parch. John Williams, a fu farw yn 39 oed. Gwelir felly na chafodd R. R. Morris fawr o gwmni fy hen daid, ond bu'n gyfaill mawr i'r teulu am flynyddoedd lawer, hyd yn oed ar ôl iddo adael Seilo i fynd yn weinidog ar y Tabernacl, Blaenau Ffestiniog yn 1893. Dau englyn o'i waith sydd ar garreg fedd John Owen yng Nghaeathro:

Wele unig gel annedd – un newydd
    I John Owen orwedd
    A rhoi hanes ei rinwedd
    Fynnaf fi ar faen ei fedd.

Gwirionedd oedd gair ei enau – a gras
    Oedd grym ei feddyliau,
    Gwir flaenor, nid o gyngor gau,
    Didwyll ei weithrediadau.

Ddeugain a dwy o flynyddoedd wedyn, canodd i'w weddw:

Dyddiau hedd roed iddi hi – a nwyfiant
   Y Nefoedd i'n llonni,
  Sant annwyl, annwyl inni,
  Hael ei braint a gloyw ei bri.

Yn 1901 codwyd Thomas, perchennog stablau gwesty'r Royal ac ail fab John Owen, yn flaenor yn Seilo a daliodd y swydd hyd ei farwolaeth yn 1941. Bu mab-yng-nghyfraith John Owen, sef Rees Hughes, gofalwr Castell Caernarfon am flynyddoedd lawer a gŵr ei unig ferch, Elizabeth Ellen, hefyd yn weithgar iawn gyda'r achos cenhadol yn hen gartref yr eglwys, sef yr annwyl Seilo Bach.

Ystyriaf hi'n fraint i fod wedi cael adnabod y tri olaf ac eraill o'r teulu ac yn dyst o'u balchder yn y ffaith eu bod yn perthyn, trwy waed neu trwy briodas, i un o sefydlwyr capel Seilo, Caernarfon.

Bendith a fyddo ar waith Eglwys Seilo yn y dyfodol a bydded hyn o eiriau yn deyrnged i'w gorffennol disglair.

Helynt wedi Pleidlais Ddemocrataidd

CLYWAF YN FYNYCH rai'n gofyn "Pam mae'r enw Cymraeg ar rai strydoedd yng Nghaernarfon yn wahanol i'r enw Saesneg?" Wel, yr ateb syml i hynny yw nad cyfieithiad o'r Saesneg i'r Gymraeg ydynt, ond yn hytrach yr hen enw Cymraeg ar y stryd a ddefnyddid gan y brodorion. Enghraifft o hynny yw Snowdon Street a Stryd Capel Joppa – enghraifft sydd, fel rheol, yn arwain at gais am wybodaeth am hanes y capel hwnnw, gan nad oes neb sy'n fyw heddiw yn ei gofio.

Felly, i ddod o hyd i hanes capel Joppa rhaid oedd imi wneud gwaith ymchwil a bûm yn hynod ffodus i ddod o hyd i gopi o adroddiad o'r enw 'Y Gwir i'r Byd' a wnaed yn llyfryn yn 1844, dair blynedd ar ôl adeiladu'r capel. Hanesyn ydyw yn ymdrin â'r ffordd y daeth capel Joppa i fodolaeth. Yr unig gapel a oedd gan yr Annibynwyr yn y dref yn 1840 oedd Pendref ar Stryd Bangor a gweinidog yr eglwys oedd y bardd-bregethwr Caledfryn, neu'r Parch. William Williams (1801–1869).

Ar Sul 18 Awst 1840 cynhaliwyd etholiad yno i ddewis blaenoriaid a chyhoeddwyd bod angen tri. Y drefn oedd i ddau swyddog fynd o gwmpas yr aelodau a oedd yn bresennol yn yr oedfa ac iddynt gofnodi'r pleidleisiau a fwriwyd i bob un a enwebwyd. Yna, rhoddwyd y papurau i ofal y gweinidog ac aeth ef â hwy adref. Y Sul dilynol rhoddwyd cyfle i'r rhai nad oedd yn bresennol y Sul cynt fwrw eu pleidlais ac unwaith eto aeth y gweinidog â'r papurau adref gydag ef.

Daeth yn hysbys nad oedd y gweinidog wedi ei blesio gan ganlyniad y bleidlais ac yn ystod y ddau fis a ddilynodd ni chyhoeddwyd enwau'r tri a ddewiswyd, er i sawl un ofyn i'r

swyddogion pryd roedd y rhai a ddewiswyd yn debygol o
ddechrau ar y gwaith. Gwnaed sawl esgus i dawelu'r gynulleidfa
a'r un olaf oedd bod y gweinidog wedi mynd i Eisteddfod y
Fenni ac y byddid yn cynnal cyfarfod pan ddychwelai.

Ar 15 Hydref, ar ôl y gymdeithas eglwysig, gofynnwyd
i ddiacon alw'r brodyr yn ôl a chydsyniodd ef ynghyd â
dau bregethwr a oedd hefyd yn aelodau o'r eglwys. Ni
phenderfynwyd dim, ond cydsyniodd y rhai a oedd yn
bresennol i ofyn i ddau ddiacon hysbysu'r gweinidog eu bod
yn deisyf cael cyfarfod er penderfynu rhoi'r rhai a ddewiswyd
yn flaenoriaid ar waith.

Pan ddaeth y gweinidog adref gofynnwyd iddo pryd y ceid
y fath gyfarfod a'i ateb oedd "Gawn wel'd, gawn wel'd." Yna
galwodd ar un aelod a gofyn iddo pwy a roddodd ganiatâd
iddo alw'r brodyr yn ôl wedi i'r gymdeithas eglwysig ddod i
ben ar 15 Hydref. Atebodd yntau na wyddai iddo wneud dim
a oedd allan o le ac iddo ofyn i ddiacon ac eraill am ganiatâd.
Dywedodd y gweinidog wrtho, os gwnâi roi'r bai ar Mr
Harding a William Hughes, y byddai ef yn eu diarddel hwy
ac yn ei arbed yntau. Ond gwrthododd y brawd yn bendant
wneud hynny. Yna dywedodd y gweinidog y byddai'n trin y
tri ohonynt "mewn modd cythreulig".

Y noson honno galwodd y gweinidog gyfarfod o'r
frawdoliaeth a chymerodd y cyfle i ymosod ar y tri a oedd
yn gyfrifol am alw'r cyfarfod a gynhaliwyd ar 15 Hydref.
Yn ei eiriau ef roedd yn "gyfarfod bradwrus a melltigedig,
yn gyfarfod brad y powdwr du a gwaeth na chyfarfod o'r
'Chartist'". Galwodd un ohonynt yn ddyn cythreulig a
melltigedig ac eraill yn eiriau cyffelyb. Pan gododd Robert
Williams i amddiffyn ei hun a thystio bod y cyfarfod yn un
rheolaidd ac yn ôl trefn yr Annibynwyr, cododd y gweinidog
wedi ei gyffroi'n arw a gwaeddodd am lyfr enwau'r eglwys.
Dileodd ei enw oddi arno a rhoes orchymyn i ddiacon fynd

ag ef allan. Yr un a fu tynged y ddau arall, gan gynnwys yr hen ddiacon, Mr Harding.

Dyna oedd cychwyn yr helynt yn ôl y llyfryn 'Y Gwir i'r Byd' a gadawodd amryw o aelodau capel Pendref a mynd i hen gapel a ddefnyddid gynt gan y Wesleaid, Bethel, ar Stryd Bangor. Buan y sylweddolwyd ei fod yn rhy fychan ac aed ati i adeiladu capel newydd yn Snowdon Street. Rhoed yr enw Joppa arno a chredir bod hyn yn ddewis da o gofio mai porthladd oedd Caernarfon a dyna oedd enw porthladd yng Ngwlad Canaan, y porthladd ar gyfer Jeriwsalem, er ei fod 30 milltir oddi yno. Jaffa, fel yr orennau, yw'r enw arno heddiw.

Agorwyd capel Joppa yn 1841, ond ni chafodd rwydd hynt. Eto yn ôl 'Y Gwir i'r Byd' bu raid i'r aelodau ddioddef erledigaeth o gyfeiriad y gweinidog a rhai o aelodau Pendref, ond er hynny ymddengys bod llawer wedi ymuno â'r achos yno fel mae cyfrifiad swyddogol o'r rhai a oedd yn bresennol yng nghapeli ac eglwysi'r dref ar Sul, 31 Mawrth 1851 yn tystio.

Dyma'r ffigurau: 'Presennol yn y bore 55 o ddisgyblion; Presennol yn y pnawn 80; a'r hwyr 105.' Cofnodir hefyd y geiriau hyn: 'Oherwydd nad oes gweinidog sefydlog amrywia'r gynulleidfa. Ceir capel llawn pan fydd y pregethwr yn boblogaidd (Wm Parry, Diacon).'

Ychydig dros ugain mlynedd y bu capel Joppa mewn bodolaeth a phan agorwyd y capel Annibynwyr mawr, helaeth, Salem, ym Mhen-y-graig yn 1862, caewyd Joppa ac aeth yr aelodau i Salem. Rai blynyddoedd wedyn defnyddiwyd yr adeilad gan gwmni o'r enw Segontium Steam Laundry a bu yno am hanner canrif neu fwy, ond tua chanol y ganrif ddiwethaf fe'i dymchwelwyd ynghyd â gweddill y tai ar yr ochr yna i'r stryd, 'a'i le nid edwyn ddim ohono mwyach'. Ond erys yr enw mewn dau le yn nhref Caernarfon a'r cyntaf ohonynt yw ar y stryd, ynghyd â'r enw Saesneg. Plac yw'r ail sydd i'w weld ar fur yn festri capel Salem.

Emynydd ei Enwad

Meigant (R. M. Jones)

A MINNAU AR ddechrau blwyddyn newydd yn meddwl o ddifri
o ble dôi'r awen am ysgrif ar gyfer y mis bach, cefais alwad
ffôn gan neb llai na Mrs Katherine Owen, Clerc Cyngor Tref
Frenhinol Caernarfon. Byrdwn ei neges oedd iddi gael cais am
wybodaeth am y bardd Llew Llwyfo gan gwmni teledu. Wedi
sefydlu mai yn hen fynwent y plwyf, Llanbeblig, y claddwyd
ef, roedd y cwmni am wybod a oedd rhagor o Gymry o bwys
wedi eu claddu yno.

Diau bod llawer, ond yr enw cyntaf a ddaeth i'm meddwl
i oedd yr hyfforddwraig mewn morwriaeth, Ellen Edwards o
Amlwch, gwraig a fu'n gyfrifol am lwyddiant gyrfa forwrol
ugeiniau o ddarpar gapteiniaid y dref a'r cylch. Soniais
hefyd am y teulu Foxwist a fu yma am ganrifoedd yn dilyn
goruchafiaeth Iorwerth I ar ein gwlad, o ganlyniad i fradwriaeth
Cilmeri yn 1282. Wrth gwrs, nid Cymry oedd rhain ond rhai
o dras Normanaidd a gwnaeth hynny imi feddwl am feirdd ac
emynwyr mwy diweddar.

Un enw oedd yn sefyll allan, sef un Robert Jones, a aned yn Nhyddyn Clefi, Llanfair Talhaearn. Fe'i ganed ar 20 Rhagfyr 1851, yn unig fab i Evan a Harriet Jones. Tair oed oedd Robert pan fu farw ei fam a magwyd ef gan ei unig chwaer, a oedd naw mlynedd yn hŷn na'i brawd. Sylweddolwyd yn fuan fod ganddo ddawn arbennig i brydyddu a phriodolwyd hyn i'r ffaith bod ei fam yn perthyn i Fardd Nantglyn. Gadawodd yr ysgol yn 12 oed ac fe'i prentisiwyd gyda William Jones, teiliwr lleol, a dysgodd y grefft o gynganeddu yng nghwmni neb llai na Talhaiarn. Mabwysiadodd Robert Jones yr enw barddol Meigant ac ar lyfrau'r capel cyfeirir ato fel R. M. Jones, er mai fel Robert Jones y cofrestrwyd ef ar ei dystysgrif geni.

Yn y flwyddyn 1869, ac yntau'n 17 oed, daeth i weithio fel teiliwr yn Siop y Porth, 1, Stryd y Porth Mawr. Ymgartrefodd yma a daeth yn aelod o gapel y Bedyddwyr, Caersalem. Cafodd ei fedyddio gan y gweinidog a'r bardd enwog, Cynddelw, a gofir fel awdur 'Cywydd y Berwyn'. Bu'n athro ysgol Sul ar ddosbarth o ferched ac yno y cyfarfu â'i wraig, Elizabeth Griffiths, merch a hanai o Bwllheli. Nid oedd gan Gaersalem drwydded i weinyddu priodasau ar y pryd ac yng nghapel yr Annibynwyr, Salem, y priodwyd nhw yn 1876.

Toc ar ôl iddo ddod i Gaernarfon, bu raid i'w gyflogwr roi'r gorau i'w fusnes oherwydd afiechyd ac o ganlyniad collodd Meigant ei waith. Buasai wedi gadael y dref oni bai i flaenor yn y capel, Thomas Jones, y postfeistr, gynnig swydd iddo fel postmon, ac fe gyflawnodd y gwaith hwnnw'n ddiwyd a chydwybodol am 25 mlynedd.

Treuliai ei amser hamdden yng nghwmni beirdd y cylch, Eifionydd, Llew Llwyfo, Anthropos ac Alafon. Enillodd wobrau lawer mewn eisteddfodau lleol am gyfansoddiadau yn y mesurau caeth ac unwaith enillodd *fountain pen* werthfawr iawn. Ond, er ei orchestion fel cynganeddwr, i'r emyn y rhoddai o'i orau, a gwnaeth hynny ef yn ffefryn gyda'r Bedyddwyr.

O ganlyniad, fe'i codwyd ef ar y Pwyllgor Dethol yn un o'r golygyddion ar gyfer cyhoeddi llyfr emynau newydd i'r enwad, sef *Llawlyfr Moliant*. Bu'n ddiwyd iawn gyda'r gwaith a gwelodd y pwyllgor yn dda i gynnwys 16 o'i emynau ef ei hun yn y casgliad. Cynhwyswyd rhai mewn llyfrau emynau enwadau eraill, megis yn y *Caniedydd* (A) a *Llyfr Emynau y Methodistiaid*. Ymysg y ffefrynnau roedd yr emyn ar gyfer agor gwasanaeth, 'Dyro inni dy arweiniad, Arglwydd, drwy yr oedfa hon' a 'Daeth Prynwr dynol-ryw / Yn fyw o'i fedd'.

Ond, yn sicr, ei emyn mwyaf poblogaidd ac un a bery tra siaredir yr iaith Gymraeg yw 'Ti yr hwn a wrendy weddi', a dyfynnir o'r fersiwn diwygiedig yn *Caneuon Ffydd*:

Ti yr hwn sy'n gwrando gweddi,
   atat ti y daw pob cnawd;
llef yr isel ni ddirmygi,
   clywi ocheneidiau'r tlawd:
     dy drugaredd
    sy'n cofleidio'r ddaear faith.

Minnau blygaf yn grynedig
   wrth dy orsedd rasol di
gyda hyder gostyngedig
   yn haeddiannau Calfarî:
     dyma sylfaen
   holl obeithion euog fyd.

Hysbys wyt o'm holl anghenion
   cyn eu traethu ger dy fron;
gwyddost gudd feddyliau 'nghalon
   a chrwydriadau mynych hon:
     O tosturia,
   ymgeledda fi â'th ras.

Nid oes ond dy ras yn unig
   a ddiwalla f'eisiau mawr;
O rho'r profiad bendigedig
   o'i effeithiau imi nawr:
     Arglwydd, gwrando
    mewn trugaredd ar fy llef.

Bu Meigant yn dioddef o glefyd y galon am 18 mis olaf ei oes, a bu farw yn 47 oed ar 11 Gorffennaf 1899. Fe'i claddwyd ym mynwent Llanbeblig a cherfiwyd hir-a-thoddaid Berw, y Parch. R. A. Williams, ficer Betws Garmon, ar ei garreg fedd:

Dyn fu'n awenydd dan Nef eneiniad,
Mwynaidd, annwyl emynydd ei enwad,
Yma gorwedda gwedi ymroddiad,
Cyrraedd i wylaidd waith ac addoliad.
Uwch ei lwch rhydd serch ei wlad – wyn fynor
Cywir egwyddor ac argyhoeddiad.

Da i ninnau gofio i'w emynau gael eu teilwrio'n grefftus a chariadus gan un a fu'n bostmon am chwarter canrif yn ein tref.

Y Sioe Enfawr

Buffalo Bill (William Frederick Cody)

GANT AC WYTH o flynyddoedd union yn ôl i eleni, ac ar 4 Mai, digwyddodd rhywbeth o bwys yng Nghaernarfon ac, er mai 1904 oedd y flwyddyn, nid oedd ganddo ddim oll i'w wneud â'r Diwygiad nac â chrefydd. Daeth rhan helaeth o'r Gorllewin Gwyllt yma i'r dref a'r gŵr oedd yn gyfrifol am yr ymweliad undydd hwn oedd neb llai na William Frederick Cody, neu â rhoi iddo ei lysenw, Buffalo Bill. Cychwynnodd ef ar daith trwy ogledd-orllewin Cymru gydag 800 o berfformwyr o amryw wahanol wledydd a 500 o geffylau a rhoes berfformiadau yn Llandudno (2 Mai), Caergybi (3 Mai), Caernarfon (4 Mai) a Phorthmadog (5 Mai) cyn symud ymlaen i Ddolgellau ac oddi yno i Aberystwyth.

Ganed W. F. Cody ar 26 Chwefror 1846 ger Le Claire, Iowa, ac roedd yn un o gymeriadau mwyaf lliwgar y Gorllewin

Gwyllt. Bu'n filwr Americanaidd yn y Rhyfel Cartref o 1863 i 1865. Yna, o 1868 i 1872 gwasanaethodd fel prif sgowt i'r *Third Cavalry* yn ystod y *Plains Wars*. Dyrchafwyd ef yn Gyrnol a derbyniodd y *Medal of Honor* yn 1872. Bu iddo amryw o swyddi eraill ac yn eu mysg bu'n heliwr ych gwyllt (*bison*) a chontractiwyd ef gan y Kansas Pacific Railroad i gadw'u gweithwyr mewn cig ych. Mewn cyfnod o wyth mis dywedir iddo ladd 4,860 o'r anifeiliaid hyn a rhoddwyd yr enw Buffalo Bill arno. Fodd bynnag, nid ef oedd y cyntaf i arddel yr enw hwnnw, ond gŵr o'r enw Comstock. Enillodd Cody yr hawl i'r enw trwy gynnal cystadleuaeth rhyngddo ef a Comstock i edrych pa un o'r ddau a lwyddai i ladd y nifer mwyaf o'r ych gwyllt mewn amser penodedig, a Cody a fu'n fuddugol.

Yn Rhagfyr 1872 aeth Cody i Chicago gyda chyfaill iddo, Jack Omohundro o Texas, i gychwyn ar yrfa newydd fel perfformwyr mewn sioe a elwid *The Scouts of the Prairie*, un o'r sioeau Gorllewin Gwyllt gwreiddiol a gynhyrchwyd gan Ned Buntline. Yn ystod tymor 1873–74 gwahoddodd y ddau ŵr gyfaill arall iddynt, sef James Butler Hickok, neu Wild Bill Hickok, i ymuno â nhw mewn drama newydd o'r enw *Scouts of the Plains*.

Dyna a fu canolbwynt ei fywyd o hynny ymlaen a bu'n hynod lwyddiannus yn rheoli ei fusnes ei hun a hwnnw'n mynd o nerth i nerth, nes yn 1887 cafodd wahoddiad i ddod i Brydain i gymryd rhan yn nathliadau Jiwbilî Aur y Frenhines Fictoria. Cynhaliodd sioeau yn Llundain a Birmingham cyn symud i Salford ger Manceinion lle bu'n cynnal sioeau yn rheolaidd am bum mis. Yn 1889 aeth ar daith trwy Ewrop a'r flwyddyn ganlynol cyfarfu â'r Pab Leo XIII. Yn 1893 rhoes arddangosfa yn ystod dathliadau Ffair Fawr y Byd yn Chicago a gwnaeth hynny ef yn dra phoblogaidd ac yn fyd-enwog.

Ond i ddychwelyd at y flwyddyn 1904 a'i ymweliad â siroedd Gwynedd a Môn ac yn enwedig â thref Caernarfon, dywedir i ysgolion y dref gau am y dydd er mwyn rhoi cyfle i'r plant fynd i weld yr arddangosfa unigryw hon a oedd yn portreadu hanes cyffrous rhan o'r byd a oedd yn gyfarwydd i bob plentyn. Nid yw gofod yn caniatáu adroddiad llawn o'r sioe, ond fe gynhaliwyd dau berfformiad yn ystod y dydd, un am 2 o'r gloch y pnawn ac un arall gyda'r nos am 8, ac fe'u cynhelid mewn cae eang ar Ffordd Bethel.

Rhestrir rhai o brif atyniadau'r wledd a wynebodd y rhai oedd yn bresennol. Cyflwynid y sioe o dri thrên yn cynnwys 60 o gerbydau a gyrhaeddodd orsaf reilffordd Caernarfon ac a dynnwyd gan chwe injan stêm. Roedd yn ddiwrnod bythgofiadwy i'r rhai a dalodd rhwng swllt a 7/6c am y fraint o gael dweud "Roeddwn i yno".

Am 2 o'r gloch yn brydlon, tarodd y *cowboy band* nodau cyffrous y 'Star-Spangled Banner' ac arwydd oedd hyn i wahanol lwythau o'r Indiaid Cochion garlamu ymlaen o dan arweiniad eu penaethiaid yn eu paent a'u gwisgoedd rhyfelgar. Yr olaf o'r penaethiaid hyn oedd neb llai na mab ac etifedd arch-elyn arloeswyr y Gorllewin Gwyllt, Sitting Bull, sef Young Sitting Bull, a chafodd groeso gwresog gan y gynulleidfa.

Caed amryw o arddangosfeydd ar farchogaeth ceffylau gan rai o wahanol wledydd megis Mecsico, y Cawcasws ac America. Roedd yno hefyd 16 o aelodau'r English Lancers a fu'n brwydro yn Rhyfel De Affrica yn ogystal â milwyr o'r American Cavalry ac eitemau eraill llawer rhy niferus i'w henwi.

Y prif atyniad, fodd bynnag, oedd golygfa o'r hyn a elwid yn 'Custer's Last Stand' neu 'Battle of the Little Bighorn', y frwydr waedlyd honno a ymladdwyd rhwng rhai cannoedd, os nad miloedd, o'r Indiaid Cochion o dan arweiniad Sitting Bull a charfan fechan o filwyr y Cadfridog Custer. Yn ôl a ddeellir, ni chyrhaeddodd y prif sgowt, Buffalo Bill, safle'r gyflafan tan drannoeth y drin, ond roedd yn llygad-dyst i adladd echrydus y gyflafan fythgofiadwy a hanesyddol honno. Ef a gymerodd ran Custer yn yr olygfa.

Dyna frasolwg o'r sioe enfawr honno ac rwy'n siŵr na wad neb nad sioe unigryw ydoedd ac na welodd Caernarfon ei thebyg na chynt nac wedyn. Bu W. F. Cody fyw tan y flwyddyn 1917, ac er y dywedir iddo golli llawer o'r arian a enillodd yn ystod ei yrfa fel dyn busnes llwyddiannus, fe adawodd dros 100,000 o ddoleri yn ei ewyllys. Ar ei farwolaeth ar 10 Ionawr 1917, o fewn chwe wythnos i fod yn 71, derbyniwyd teyrngedau iddo gan Siôr V o Brydain, Kaiser Wilhelm II o'r Almaen a'r Arlywydd Woodrow Wilson o'r Unol Daleithiau. Fe'i claddwyd yn Elks Lodge Hall, Denver, gyda'i gyfaill Governor John B. Kendrick, Wyoming, yn arwain yr orymdaith.

Adloniant yn y Dyddiau Gynt

YN YR HANESYN blaenorol rhoddais gipolwg ichi o'r math o beth a roes ddifyrrwch i'n tadau a'n cyndadau dros ganrif yn ôl. Ond hanes digwyddiad un diwrnod oedd sioe enfawr Buffalo Bill a bydd llawer yn gofyn y cwestiwn "Beth arall oedd gan ein hynafiaid i edrych ymlaen ato ym myd adloniant ar wahân i hynny?" Cofier mai 1904 oedd blwyddyn y Diwygiad ac yn yr addoldai yr arferid cynnal cyfarfodydd llenyddol ac adloniadol. Ar yr un pryd, diolch i bobl fel Syr Llewelyn Turner (1823–1903) ac eraill, roedd y Pafiliwn ar ei draed ers y flwyddyn 1877 a llawer o weithgareddau adloniadol yn cael eu cynnal yno.

Erbyn diwedd degawd cyntaf yr 20fed ganrif, fodd bynnag, roedd sinemâu yn codi ymhob rhan o'r wlad ac agorwyd un yma yn nhref Caernarfon gan mlynedd yn ôl, yn y flwyddyn 1910, a hynny mewn neuadd a oedd yn eiddo i'r Cyngor Tref, sef y Guild Hall yn Stryd y Porth Mawr. Pâr priod, Evan O. a'i wraig Rose H. Davies, oedd perchnogion y sinema, ef yn frodor o Gonwy a hithau o Lynceiriog. Daethant yma o Gaergybi lle roedd ganddynt ddwy sinema arall, sef Sinema Neuadd y Dref a'r Empire.

Yn y Pafiliwn yn 1906 gan gwmni y Cinematography y dangoswyd y ffilmiau cyntaf yng Nghaernarfon, ond o 1 Awst 1910, yn achlysurol yn unig, fe gychwynnwyd yn y Guild Hall. Fodd bynnag, yn 1913 cafodd E. O. Davies drwydded i'r neuadd fod yn sinema ar les barhaol gan y Cyngor Tref. Wrth gwrs, ffilmiau mud (*silent films*) oedd y rhai hynny ac yn ystod y perfformiadau byddai pianydd ac, ar adegau, feiolinydd yn canu eu hofferynnau. Mr I. Roberts oedd y sawl a ganai'r piano ar y cychwyn a dywedir iddo ef gerdded yr holl ffordd

Y Guild Hall a
Than y Bont

o Lanwnda i wneud y gwaith. Byddai llawer o fynychwyr y sinema yn galw yn siop Robinson ar gornel Stryd Star Bach i brynu licris i'w fwynhau wrth wylio'r ffilm.

Anodd dweud pa ffilm a ddangoswyd gyntaf yn y Guild Hall, ond ym mis Medi 1910 cafwyd mai *Blue Bird* oedd enw'r ffilm bryd hynny. Yna yn 1927 dangoswyd y ffilm leisiol (y *talkie*) gyntaf, *The Jazz Singer*, gydag Al Jolson (1886–1950). Yn y flwyddyn 1930 bu E. O. Davies farw a'i wraig, Mrs R. H. Davies, a fu'n gyfrifol am y busnes am dros 20 mlynedd wedi hynny. Rhoesant foddhad i lawer yn ystod cyfnodau duon y ddau Ryfel Byd, sef o 1914 i 1918 ac o 1939 i 1945, ac am 15 mlynedd wedi hynny. Yn dilyn marwolaeth E. O. Davies, cofnodwyd yn y papur lleol fel a ganlyn: 'Torch gan Pobl

Dre *"In kind remembrance of one who gave so much pleasure to the kiddies."* Aelodau yng Nghapel Wesla, Ebeneser oedd y teulu a gedy wraig a dwy ferch, Dilys ac Eluned Lloyd Davies.'

Prin fod neb heddiw yn cofio Evan Davies gan iddo farw 80 mlynedd yn ôl, ond mae gan lawer ohonom gof byw o Mrs Davies ac, â siarad yn bersonol, cofiaf y cyfnod yr adeiladwyd y drydedd sinema yn y dref, sef y Majestic, yn 1934. Dwy oedd yma cynt, a chan i'r Empire gael ei hadeiladu'n arbennig ar gyfer sinema gan ŵr o'r enw Caradog Rowlands yn 1915, y Guild Hall a'r Empire a fu'n cystadlu am fusnes am bron i 20 mlynedd cyn agor sinema foethus newydd i ddal 1,050 o bobl. Mae gennyf gof o fy modryb, a oedd yn byw yn 36, Stryd Fangor, yn mynd â fi i'r ardd ac yn dangos yr adeilad oedd ar hanner ei adeiladu imi ac yn dweud: "Pictiwrs newydd fydd yma ac fe fyddi di yn mwynhau gweld ffilmiau yno." Roedd hi'n broffwyd gan imi dreulio oriau lawer yn y tri adeilad, y Guild Hall, yr Empire a'r Majestic.

Cofiaf yn dda pa mor boblogaidd a fu'r tair sinema ym mlynyddoedd fy ieuenctid ac fel y byddai pobl yn aros y tu

Staff y Majestic yn yr 1950au

allan iddynt ar bob tywydd i ddisgwyl cael mynediad. O, fel mae pethau wedi newid!

Ond i ddychwelyd at y Guild Hall a'r perchennog, Mrs Davies. I ni, blant yr 1930au, roedd rhaid inni dalu tair ceiniog am fynd ar bnawn Sadwrn i'r Majestic neu'r Empire, ond caem fynd i'r Guild Hall am ddwy geiniog, a oedd yn golygu bod gennym geiniog wrth gefn i wario un ai ar bethau da neu beth arall a fynnom. Yr hyn y byddai llawer ohonom yn ei wneud oedd mynd i Stryd Fangor ac at ddrws siop Mrs Williams, Ship and Castle. Yno ar y wal roedd peiriant gwerthu sigarennau ac am geiniog fe gaech dair sigarét S.O.S., ac wedi gofalu bod gennym fatsys byddem yn mwynhau smôc yn y Galeri Bach wrth wylio *Flash Gordon*, a llun cowboi i ddiweddu. Ar adegau byddem yn colli arnom ein hunain yn llwyr ac yn codi twrw ac yn stampio ein traed ar lawr a byddai'r golau yn dod ymlaen, y ffilm yn diffodd a Mrs Davies yn dod ar y llwyfan i ddweud y drefn, ac oni fyddem yn rhoi'r gorau iddi na fyddai'n caniatáu inni weld diwedd y ffilm.

Dyddiau difyr! Bu farw Mrs Davies yn 1951, ond cymerodd cwmni arall yr awenau tan y flwyddyn 1960, pryd y gorfodwyd cau'r sinema oherwydd bod yr adeilad yn beryglus ac nad oedd y Cyngor Tref yn fodlon gwario arno. Y ffilm olaf i gael ei dangos yn y Guild Hall o nos Iau, 21 Gorffennaf 1960 tan y Sadwrn oedd *The Barbarians* a'r actor a oedd yn cymryd rhan y prif gymeriad oedd Pierre Cressoy.

Gwyliau Haf ein Hynafiaid
a Champ Fawr 1857

A NINNAU BELLACH â'r gallu a'r modd i dreulio ein gwyliau dramor o flwyddyn i flwyddyn, da fyddai inni ystyried pa fath o wyliau y byddai ein hynafiaid yn ei fwynhau. Hyd yn oed yn nyddiau fy ieuenctid i, ni chredaf imi erioed fwynhau mwy nag wythnos o wyliau gyda'm rhieni yng nghyffiniau Wrecsam. Un wythnos o wyliau ac un diwrnod yn Rhyl neu Landudno ar y trip ysgol Sul blynyddol. Ond o ystyried, roeddwn yn ffodus o allu mynd cyn belled.

Ychydig iawn o drigolion diwedd y 19eg ganrif a dechrau'r 20fed a fu ymhell o dref Caernarfon a hynny am sawl rheswm, rhai economaidd yn bennaf. Roedd cyflogau'n isel a phwy allai fforddio talu am wyliau i'r teulu mewn gwesty neu dŷ gwely a brecwast?

Ond, er hyn, roedd llawer yn difyrru eu hunain yn ystod yr haf ac i Gei Caernarfon y byddai bron pawb o drigolion y dref a'r cylch yn dod i fwynhau eu hunain ar ddyddiau pan gynhelid regata am ddeuddydd yn y flwyddyn ym mis Awst.

Wrth gwrs, y bobl gyfoethog oedd yr unig rai a allai fforddio iot i gystadlu yn y regata. Llewelyn Turner, twrnai ifanc a mab i berchennog chwarel, a fu'n hynod weithgar yn yr 1840au yn sefydlu'r Clwb Hwylio Brenhinol Cymreig ym Mhorth yr Aur. Byth ar ôl hynny daeth pobl y cylch i gymryd diddordeb yn y gweithgareddau blynyddol ar afon Menai. Roedd yn ddiwrnod allan ardderchog i'r teulu i gyd a hynny heb wario llawer o arian – mynd â'u bwyd hefo nhw a chael picnic a mwynhau'r hyn oedd i'w weld.

Rhydd y darlun ryw syniad i'r darllenydd o'r nifer a ddeuai

i weld y regata. Pan ddaeth hi'n bosib i bobl o'r wlad drafeilio
ar y trên i orsaf reilffordd Caernarfon ar ddechrau'r 1870au,
byddai cwmni LNWR yn cynnig telerau rhad ar gyfer
diwrnodau'r regata e.e. swllt a dwy geiniog rityrn o Lanberis
i Gaernarfon.

Roedd wythnos y regata yng Nghaernarfon, bryd hynny,
yn un o ddigwyddiadau mawr y flwyddyn a phobl yn tyrru i'r
Cei i wylio'r iotiau yn rasio ar afon Menai. Ar wahân i rasio
iotiau a chychod, roedd atyniadau eraill yn cael eu cynnal ar
yr afon ac yn y dref. Byddai stondinau ar y Cei ac eitemau'n
rhoi difyrrwch i'r dorf, fel gwylio rhai'n ceisio cerdded oddi ar
long ar hyd y polyn seimlyd a'r naill ymgeisydd ar ôl y llall yn
syrthio i'r dŵr.

Tybed faint o bobl ddeallus yr oes hon fyddai'n coelio bod
dyn, yn y flwyddyn 1857, wedi croesi o Gaernarfon yn syth
i Sir Fôn heb gwch a heb nofio ar draws afon Menai? Roedd
hynny 155 o flynyddoedd i eleni a gallaf glywed rhai ohonoch
yn dweud, "Wel, yn sicr wnaeth o ddim hedfan, oherwydd
roedd hynny 52 o flynyddoedd cyn i Louis Blériot groesi'r
sianel mewn awyren o bentref ger Calais yn Ffrainc i Dover

Regata 1908

yn Lloegr." Gwir hynny, ond roedd hi'n bosib hedfan yn yr oes honno. Nid mewn awyren efallai, ond mewn balŵn. Ar 19 Medi 1783, Pilâtre de Rozier, gwyddonydd, oedd y cyntaf i lansio balŵn awyr poeth o'r enw *Aerostat Reveillon*, ac yn deithwyr arni roedd dafad, hwyaden a cheiliog. Arhosodd i fyny am 15 munud cyn syrthio i'r llawr. Ddau fis yn ddiweddarach, ar 21 Tachwedd, aeth Rozier â dau gyfaill mewn balŵn a nhw oedd y dynion cyntaf i gael taith lwyddiannus.

Ar noson ola'r regata roedd hi'n arferiad gan y trefnwyr i gynnal cyngerdd mawreddog yn y castell ac fel rhan o'r dathliad hwnnw yn 1857 gwahoddodd y prif drefnydd, Mr Albion, ŵr o'r enw Mr Goddard, a oedd yn berchen balŵn, i ddod i'r castell fel rhan o'r dathliad ac i geisio codi oddi yno yn y balŵn a glanio ar Ynys Môn. Un peth y dylem atgoffa ein hunain ohono yw na fyddai'n bosib cyflawni'r gamp hon mewn unrhyw dref neu bentref, dim ond mewn man lle roedd hi'n bosib cael digon o gyflenwad o nwy wrth law. Roedd yna waith nwy yng Nghaernarfon ers y flwyddyn 1832 a hi oedd y dref gyntaf yng Nghymru i gael nwy. Dilynwyd hi gan ddinas Bangor yn 1843 a hwy oedd yr unig rai yn y rhan hon o'r wlad gyda gwaith nwy tan 1875, pan gafodd Llandudno un, ac amryw o drefi eraill cyn 1880. Yr hyn a ffafriodd Gaernarfon a Bangor am yr holl flynyddoedd ydoedd y ffaith mai porthladdoedd oeddynt, a thrwy hynny'n gallu mewnforio digonedd o lo. Felly, dim ond yn y ddwy dref hon y gallasai Mr Goddard fod wedi cael yr 20,000 troedfedd sgwâr o nwy yr oedd eu hangen ar gyfer ei daith yn 1857. Trosglwyddwyd y nwy i'r castell mewn piben 4 modfedd ar ei thraws ac erbyn 6.30 y noson honno yr oedd popeth yn barod ar gyfer y siwrnai fentrus hon.

Â phawb yn gwylio'n eiddgar, aeth Mr Goddard i mewn i gerbyd yr *Aurora*, fel y gelwid y balŵn, ac aed trwy'r broses o ddatod y rhaffau. Yna, fe'i codwyd yn syth i fyny

Y balŵn uwchben y castell, 1857

i gymeradwyaeth fyddarol y dorf a nodau soniarus y band. Roedd yn olygfa ddiddorol a chyffrous na welwyd ei thebyg na chynt nac wedyn yn y dref.

Cyflymodd yr *Aurora* nes o'r diwedd iddo fynd o'r golwg yn y cymylau. Ymhen yr awr, caniataodd Mr Goddard iddo ddisgyn yn raddol fel y gallai weld lle'r ydoedd, ond buan y sylweddolodd y byddai'n disgyn wrth fwi mawr gwyrdd ar ganol afon Menai. Roedd rhaid newid y cynllun ar frys a gadael yr *Aurora* i ddrifftio'n araf dros y dŵr i gyfeiriad Ynys Môn. Roedd yn ymddangos fel oes, ond o'r diwedd cafodd ei hun uwchben Parc Llanidan a glaniodd yno'n ddiogel. Cynorthwyodd rhai o bobl y cylch ef i bacio'r balŵn yn ddestlus a'i gario at y fferi a'r amgylchiadau'n peri i'r ardalwyr deimlo eu bod yn rhan o ryw ddigwyddiad hanesyddol o bwys. Roedd yn brofiad bythgofiadwy iddynt.

Yn Llanidan cafodd Mr Goddard groeso tywysogaidd gan y bobl, a chan un Mr Parry a'i difyrrodd ac a ofalodd am ei holl anghenion wedi iddo gyrraedd. Yn ddiweddarach yr un noson, dychwelodd i Gaernarfon a gwelwyd ef wedyn yn eistedd yn gyfforddus yn ysmygu sigâr gyda'i gyfeillion oddeutu hanner nos.

Dilynwyd lansio'r balŵn gan arddangosfa tân gwyllt a chanwyd caneuon trist a digri. Roedd y tu mewn i'r hen gastell wedi ei oleuo'n effeithiol ac yn ôl pob tystiolaeth yn olygfa heb ei hail. Mawr oedd canmoliaeth y wasg i'r *fête* o dan arolygiaeth Mr Albion, ac yn gwbl haeddiannol felly, gan iddi fod mor llwyddiannus a rhoi cymaint boddhad i'r cyhoedd yn gyffredinol.

Dyna oedd diwedd hanes y diwrnod hwnnw ym mis Awst 1857, yn oes y car a'r ceffyl, pan welwyd rhyfeddod heb ei fath yma yng Nghaernarfon ac nid anodd yw dyfalu beth oedd y pwnc trafod ymysg yr hoblars ar y Cei Llechi drannoeth.

Atgofion Plentyn am Hen Bafiliwn Caernarfon

Carreg sylfaen y Pafiliwn

FE'M HATGOFFWYD YN ddiweddar gan fy hen gyfaill Mr Robert Haines, Stryd y Farchnad, cefnogwr brwd a darllenwr selog o'r iaith Gymraeg, bod eleni yn union hanner canrif er pan ddymchwelwyd yr Hen Bafiliwn a adeiladwyd ar Gae Twtil, oedd yng nghefn Stryd Fangor. Y flwyddyn oedd 1962 a bu'r adeilad enfawr hwnnw yn cysgodi o dan y bryn hanesyddol ers y flwyddyn 1877.

Roedd yn arferiad cyn hynny i gynnal yr Eisteddfod Genedlaethol pan ymwelai â'r dref o fewn muriau'r castell a gwnaed cais i'w llwyfannu yno yn 1877, ond fe'i gwrthodwyd gan y gŵr a fu'n Faer Caernarfon o 1859 i 1870, ac o 1870 hyd ei farwolaeth yn 1903 yn Ddirprwy Gwnstabl y Castell. Ie, neb llai na Syr Llewelyn Turner, a fu'n gyfrifol am ddod â llawer o welliannau i'r dref a rhai a fu o fawr les i'w phobl. Ei reswm am wrthod caniatâd, yn syml, oedd ei fod ar hanner

Adeiladu'r Pafiliwn

Hen Bafiliwn Caernarfon

gwneud atgyweiriadau costus i'r castell i ddod ag ef i fyny i'r safon a welir heddiw, ac ar ôl yr Eisteddfodau Cenedlaethol a gynhaliwyd yno roedd llawer o waith clirio sbwriel a glanhau i'w gario allan. Ar yr un pryd sylweddolai'r angen am adeilad pwrpasol ar gyfer cynnal gwyliau tebyg ac awgrymodd gynnal cyfarfod cyhoeddus gyda'r bwriad o'i adeiladu. Y canlyniad oedd i garreg sylfaen gael ei gosod ar Gae Twtil ddydd Llun y Sulgwyn 1877 ac i'r Eisteddfod Genedlaethol y flwyddyn honno gael ei chynnal yn yr adeilad newydd sbon.

Mae gennym le i deimlo'n ddiolchgar i awdur *Old Karnarvon* (1881), sef W. H. Jones, am roi disgrifiad manwl o'r adeilad yn ei lyfr a chofnodi ei fod yn gwneud hynny: 'Perhaps, in future years, when the Pavilion is demolished – if that event should ever take place – strangers and the rising generation will enquire of the extent and appearance of this monster building.'

Digon yw dweud mai'r gost o'i adeiladu oedd tua £9,000, ei fod yn 200 troedfedd o hyd a 100 troedfedd o led ac yn dal tua 8,000 o bobl a bod angen 700 o lampau nwy i'w oleuo ar gost o £1 yr awr. Hwn oedd yr adeilad mwyaf trwy Gymru gyfan yn ei ddydd, a threfi eraill yn eiddigeddus ohono.

Dyna fraslun o hanes sut y daeth y Pafiliwn i fodolaeth, ond fel un yn tynnu am ganol ei wythdegau bellach rwy'n siŵr y byddwch yn fwy awyddus i wybod am fy atgofion i a'm cyfoedion am y lle. Roedd gennyf fodryb yn byw yn 36, Stryd Fangor a byddwn yn treulio oriau yn chwarae yn ei gardd hir a estynnai o gefn y tŷ at wal y Pafiliwn. Yn yr ardd roedd siglen ar goeden afalau ac yno y byddwn i'n eistedd ac yn gwrando ar yr hyn a oedd yn mynd ymlaen yn y Pafiliwn – ambell sioe, cyngerdd, arddangosfa ac Eisteddfod Genedlaethol 1935. Cofio trychineb fawr Gresford, pryd y collwyd cannoedd o lowyr yn 1934, a Paul Robeson yn dod i'r Pafiliwn i ganu i godi arian ar gyfer y rhai a gollodd anwyliaid yn y danchwa.

Roedd gan Paul Robeson feddwl mawr o Gymru a'i phobl ac wedi treulio amser i lawr yn y De yn ffilmio ac yn gyfeillgar ag amryw o lowyr, ac yn ystod y cyngerdd yn y Pafiliwn rhoes £100 i'r gronfa.

Wyddech chi bod yna dŷ yng Nghaernarfon a brynwyd wedi iddo gael ei weld mewn arddangosfa yn y Pafiliwn? Wel, adeiladwyd y tŷ unllawr, bynglo, a'i leoliad? Gwyddoch am Waterloo Port ar Ffordd Fangor, yno ar gornel y ffordd sydd yn arwain at y traeth ar yr ochr chwith wrth adael y dref. Gwraig weddw a'i prynodd. Roedd ganddi ferch a mab ac roedd y mab, Mervyn, yn yr un dosbarth â mi yn yr Ysgol Hogiau ac yn y Cownti.

Pan oeddwn i'n ifanc roedd llawer o lefydd i fynd ar ddydd Sadwrn ac yn eu mysg tair sinema a'r Pafiliwn. Cofiaf fynd un tro i'r Pafiliwn lle roedd consuriwr yn ein difyrru ac iddo fy ngalw i'r llwyfan i ddewis cerdyn, sef y Jac o Rawiau. Yna torrodd damaid tua modfedd sgwâr o gornel y cerdyn a rhoes ef yn ôl imi. Aeth trwy'r broses o falu gweddill y cerdyn yn dameidiau mân a'u llosgi'n llwch ar blât. Yna torrodd afal mawr yn ei hanner gyda chyllell ac oddi mewn yr oedd cerdyn gyda chornel wedi ei dorri ohono. Rhoddais y tamaid a oedd yn fy llaw yn ôl iddo ac roedd hwnnw'n ffitio'n berffaith. I hogyn 10 oed roedd yn wyrth anhygoel!

Pan dorrodd yr Ail Ryfel Byd allan bu raid i Mam, fy nhad a minnau fynd i'r Pafiliwn i gael ein ffitio am fwgwd nwy (*gas mask*) a bu raid cario hwnnw gyda ni i bobman yn ystod cyfnod y rhyfel. Caewyd y lle fel man ar gyfer adloniant ac fe'i defnyddiwyd i gadw bwydydd a nwyddau cyffelyb. Am rai blynyddoedd wedi'r rhyfel daliwyd i'w ddefnyddio i'r pwrpas hwnnw. Yn y diwedd, fodd bynnag, rhyddhawyd yr adeilad o ofal y Llywodraeth, neu o ddefnyddio'r term swyddogol bryd hynny, 'It was derequisitioned.' Erbyn hynny roedd yr hen adeilad wedi dirywio'n arw ac angen miloedd lawer o arian i'w atgyweirio a phenderfyniad y Cyngor Tref, ar ôl hir drafodaethau, oedd ei ddymchwel.

Cyn i hynny ddigwydd, fe drefnodd y diweddar Sam Jones o'r BBC ym Mangor Gyfarfod Ffarwél teilwng i'r hen adeilad ar ffurf cymanfa ganu a gwahoddwyd dau o gewri'r byd cerdd yng Nghymru, Madam Dilys Wynne Williams i arwain a Mr G. Peleg Williams i gyfeilio. Roedd y Pafiliwn dan ei sang a'r canu'n wefreiddiol. Daliwyd ymlaen i ddarlledu'r gymanfa a bu raid i'r gwasanaeth newyddion aros tan ddiwedd y gymanfa cyn cychwyn darlledu. Roedd fy niweddar wraig a minnau yno tan y diwedd a byth nid anghofiaf yr ymdeimlad o dristwch wrth araf adael yr adeilad y noson honno, ond ni fuaswn wedi colli'r noson am unrhyw bris. Gallai'r ddau ohonom ddweud gyda balchder, "Roeddwn i yno."

Rhan 4
Amrywiol Hanesion

Oes y Tyrpeg

Os BU ERIOED ddeddf amhoblogaidd yng Nghymru, y ddeddf a basiwyd yn 1663 yn Senedd San Steffan oedd honno. Roedd y ffordd fawr a elwid 'The Great North Road', a âi o Lundain i Efrog ac i fyny i'r Alban, mewn cyflwr truenus a bu raid dyfeisio cynllun i'w gwella. Yr hyn a wnaed oedd pasio deddf i ffurfio cwmni o ymddiriedolwyr i fod yn gyfrifol am ei chynnal a'i chadw. Golygai hyn osod gatiau ar draws y ffordd a chodi tollbyrth. Yna fe godwyd tâl ar bob trol ac anifail a ddefnyddiai'r ffordd rhwng y tollbyrth hyn.

Fe weithiodd y cynllun newydd yn bur effeithiol yn Lloegr ac, erbyn y ganrif ddilynol, fe benderfynwyd defnyddio'r un system yng Nghymru, a'r siroedd oedd i fod yn gyfrifol am weinyddu'r ddeddf. Codwyd tyrpeg cyntaf Sir Gaernarfon ar y ffordd rhwng Tal-y-cafn a Chonwy, ger y Gyffin, yn 1759. Erbyn 1769, ychwanegodd yr un cwmni o ymddiriedolwyr ragor ohonynt ar y ffordd o Gonwy i Fangor, Caernarfon ac ymlaen i Bwllheli ac yn 1777 codwyd rhai o Ddyffryn Conwy i lawr i Lanrwst. Yna, ar ddechrau'r 19eg ganrif, ffurfiwyd cwmni arall i fod yn gyfrifol am dyrpegau Betws-y-Coed, Capel Curig, Nant Ffrancon, Pont y Tŵr, Dinas, Tregarth, Penlan a Llandygái. Ffurfiwyd cwmnïau eraill ac, o dipyn i beth, cafwyd bod cyfanswm y tyrpegau yn Sir Gaernarfon yn 35.

Fel y dywedwyd ar y cychwyn, nid oedd y ddeddf hon yn boblogaidd yng Nghymru, fel amryw o ddeddfau eraill a basiwyd yn Senedd San Steffan, a rhoes fodolaeth i derfysgaeth mewn rhai siroedd, megis Penfro, Caerfyrddin ac eraill yn y deheudir, a hynny oherwydd y ffaith bod yr amaethwyr yn y siroedd hyn yn gweld y ddeddf yn un annheg. Dyma a roes fodolaeth i'r hyn a ddaeth i gael eu hadnabod fel Helyntion Beca neu 'The Rebecca Riots' yn Saesneg.

Ar 13 Mai 1839 y digwyddodd yr ymosodiad cyntaf, ar dyrpeg yn Efail-wen, sydd ar y ffin rhwng Penfro a Chaerfyrddin. Yna, ar 26 Mai, difrodwyd hefyd dyrpeg yn Stryd y Dŵr, Caerfyrddin. Ffermwyr a thyddynwyr oedd y terfysgwyr, wedi'u gwisgo fel merched a chyda'r arweinydd yn cael ei alw'n Beca a'i ddilynwyr yn Ferched Beca. Roeddynt yn gwrthwynebu talu toll am i'w hanifeiliaid a'u troliau ddefnyddio'r ffordd ac yn mynnu y dylai'r ffordd fawr fod yn rhydd i bawb ei defnyddio a hynny'n ddi-dâl. Torrodd terfysgoedd mwy difrifol allan yn ystod gaeaf 1842 ac erbyn mis Hydref y flwyddyn ddilynol difrodwyd pob tyrpeg yn ne-orllewin Cymru a chan gynnwys siroedd Maesyfed, Brycheiniog a Morgannwg. Enw a fenthyciwyd o'r Beibl oedd Rebecca, o'r dyfyniad yn Genesis 24:60, 'Ac a fendithiasant Rebecca, ac a ddywedasant wrthi, Ein chwaer wyt, bydd di fil fyrddiwn; ac etifedd dy had borth ei gaseion.' Gwelir felly mai capelwyr selog oedd y mwyafrif ohonynt a'u bod yn ymladd i ddileu deddf yr oeddynt yn ei hystyried i fod yn anghyfiawn.

Wel, dyna beth o'r hanes cyn belled ag y mae siroedd y

De yn y cwestiwn. Ni ddigwyddodd dim tebyg yn y Gogledd er bod y tyrpegau yr un mor amhoblogaidd yma. I gael rhyw syniad o'r ffordd yr oedd y system yn gweithio, da fyddai bwrw golwg ar sut yr oedd modd dod yn gyfrifol am dyrpeg.

Rhoddid rhybudd yn y papurau newydd lleol i'r perwyl y cynhelid ocsiwn ar dyrpeg a aethai'n wag a datgelid faint o arian a dderbyniwyd mewn tollau y flwyddyn cynt, ac fe gynhwysir yma restr o dyrpegau a'u henillion fel y'i cyhoeddwyd yn y llyfr *Atlas Sir Gaernarfon* (golygwyd gan Emyr Hywel Owen, M.A. ac Elfed Thomas, a chyhoeddwyd gan Gyngor Gwlad Gwynedd, 1954). Dengys hyn yn eglur pa rai a oedd brysuraf ac mae'n ddiddorol edrych ar y ffigurau: 'Gwydir, £164; Gyffin, £63; Morfa Conwy, £117; Penmaenmawr, £109; Bangor, £175; Faenol, £80; Tafarn Grisiau, £346; Bodrual, £190; Penllyn, £150; Gwastadnant, £40; Glangwna, £79; Rhyd-ddu, £44; Gelli, £16; Pant Du, £15; Pont Seiont, £265; Dolydd, £59; Berth, £67; Clynnog, £88; ac Ysbyty, £38.'

Gwelir oddi wrth y rhestr bod gwahaniaeth mawr rhwng y swm uchaf o £346 a'r isaf o £15 ac mai'r tyrpeg prysuraf o ddigon oedd Tafarn Grisiau, y Felinheli, £346, a chyda'r ddwy yng Nghaernarfon, sef Pont Seiont, £265, a Bodrual, £190, yn ail a thrydydd.

Tafarn Grisiau

Dylai'r rheswm pam mai'r tri hyn oedd y rhai uchaf eu henillion fod yn weddol eglur i unrhyw un a gymerodd ddiddordeb yn hanes Caernarfon. Onid yng Nghaernarfon yr oedd y farchnad anifeiliaid bwysicaf yn y sir bryd hynny, ac onid oedd ffermwyr de-orllewin Môn yn dod â'u hanifeiliaid a'u cynnyrch yma bob Sadwrn i'w gwerthu? A chymryd hynny i ystyriaeth, anfonid llawer o'u hanifeiliaid ar Fferi Moel y Don, a thyrpeg Tafarn Grisiau oedd yn manteisio ar hynny.

Cyn terfynu, da fyddai dyfynnu unwaith eto o *Atlas Sir Gaernarfon* i roi syniad i'r darllenydd o'r prisiau a godid am ddefnyddio'r ffyrdd:

> Telid dwy geiniog am geffyl neu ful; grôt am geffyl neu anifail arall yn tynnu trol, a lled ei holwynion o dan chwe modfedd; chwe cheiniog am anifail a throl a'r olwynion dros chwe modfedd; swllt am geffyl a cherbyd a phobl yn teithio ynddo; deg ceiniog am bob ugain anifail mewn gyrr o wartheg a â heibio, a phum ceiniog am bob ugain dafad, neu lo, neu fochyn.

Mae'r ffigurau hyn yn dweud llawer, pan feddyliwn nad oedd cyflog gweithiwr ond rhyw 4 neu 5 swllt yr wythnos yr adeg honno. Nid oes ryfedd, felly, bod y ddeddf yn un amhoblogaidd!

Oes Aur Bysus Bach y Wlad

A NINNAU BELLACH wedi cefnu ar ddegawd cyntaf y mileniwm, mae'n anodd credu fel mae trafnidiaeth ar ein ffyrdd wedi datblygu dros y ganrif ddiwethaf. Trafaelio'n anaml mewn bysus yn cael eu tynnu gan geffylau y byddai trigolion Caernarfon a'r cylch yn negawd cyntaf y ganrif flaenorol a bu raid disgwyl tan 1909 cyn gweld bws modur ar ein heolydd.

Daeth y bws cyntaf i Sir Gaernarfon yn y flwyddyn honno, pan gychwynnwyd gwasanaeth cario teithwyr rhwng Caernarfon a Dinas Dinlle, ac nid yw'n anodd dychmygu'r cyffro oedd yma pan ymddangosodd y ddyfais newydd hon. Oedolion a phlant yn rhyfeddu o weld cerbyd yn tramwyo trwy'r strydoedd heb geffylau'n ei dynnu! Yna, yn ddiweddarach yn y flwyddyn, defnyddiwyd y bws hwn i drafaelio'n ddyddiol rhwng y dref a phentref Llanaelhaearn ac ar ddiwrnod marchnad ym Mhwllheli byddai'n cario yn ei flaen hyd at y dref honno ac yn dychwelyd i Gaernarfon gyda'r hwyr.

Buan y dilynwyd y gwasanaeth hwn gan gwmnïau bychain eraill. Rhwng y blynyddoedd 1909 a dechrau'r Rhyfel Mawr yn 1914 cafwyd gwasanaethau rheolaidd yn rhedeg o bentrefi fel Rhostryfan, Nantlle a Phen-y-groes i Gaernarfon ac yn ôl, er mawr hwylustod i'r pentrefwyr i ddod i'r dref i siopa ac i'r rhai a oedd ar eu mantais, sef pobl fusnes tref Caernarfon. Pan dorrodd y rhyfel allan yn 1914, fodd bynnag, daeth yn fwy anodd cael cyflenwad o betrol i redeg y gwasanaethau hyn ac ni chaniatawyd gwasanaeth bws i bentrefi lle roedd eisoes wasanaeth trenau'n bodoli.

Cyflymder y bysus cynnar hyn oedd rhwng 6 a 10 milltir yr awr a chan aros felly trwy gyfnod y rhyfel. Er hynny, dysgwyd mwy ar sut i wella effeithiolrwydd y cerbydau modur yn ystod y rhyfel a chafodd llawer iawn o filwyr eu hyfforddi i'w gyrru ac i drin y peiriannau. Mae enghreifftiau o rai o'r rhai hyn yn dychwelyd adref ac yn cael swyddi i yrru bysus, faniau a cherbydau eraill. Roedd llawer iawn o gyfleon ar gael i yrwyr profiadol yn y blynyddoedd a ddilynodd y rhyfel, gyda'r canlyniad i lu o gwmnïau bysus bychain gael eu sefydlu.

Nid oedd gan y cwmnïau hyn amserlen benodol, fodd bynnag, ac ni ellid dibynnu arnynt petai rhywun yn un o'r pentrefi am ddal trên, er enghraifft. Ni fyddent yn cychwyn hyd nes bod ganddynt ddigon o deithwyr i wneud y siwrnai yn broffidiol, ond er hyn, roedd y cyhoedd yn gwerthfawrogi'r gwasanaeth ac roedd y bysus yn rhwydd lawn, at ei gilydd. Yr oedd modd, hefyd, i ddefnyddio bws i gludo parseli ac i wneud gwaith a gysylltir, fel rheol, â'r Swyddfa Bost.

Yn ystod yr 1920au, ag ugeiniau lawer o gwmnïau bysus eisoes wedi eu sefydlu a mwy nag un cwmni yn teithio ar hyd yr un ffordd, fe'u gorfodwyd i lynu at amserlen fel na fyddai dau fws yn perthyn i wahanol gwmni yn cyrraedd arhosfan ar yr un adeg a daeth gwell trefn ar y gwasanaethau. Erbyn hynny, roedd rhai o'r cwmnïau yn galw eu hunain yn ôl lliwiau eu bysus a'r rhai mwyaf adnabyddus yn y cylch yma

Bysus ar y Maes, 1922

oedd Caernarvon Red, Bangor Blue a Bethesda Grey, ond nid felly'r cyfan ohonynt.

Galwai rhai eu cwmni yn ôl yr ardal a wasanaethid ganddynt e.e. Peris Motors ayyb. Ond roedd eraill yn fwy dyfeisgar. Penderfynodd perchnogion un cwmni ei alw yn U.N.U. h.y. math o dalfyriad o'r geiriau Saesneg *You need us*, a'r hyn a wnaeth cwmni arall mewn cystadleuaeth â nhw oedd galw'r cwmni hwnnw yn I.N.U. sef *I need you* – enghraifft berffaith o'r gystadleuaeth finiog a fodolai ymysg y cwmnïau.

Y drefn oedd bod pob cwmni yn cael trwydded i wasanaethu rhwng trefi a phentrefi penodedig ac nad oedd ganddynt yr hawl i chwilio am fusnes ar diriogaeth cwmni arall. Felly, os byddai cwmni am roi'r gorau i wasanaethu roedd ganddo'r hawl i werthu i gwmni arall ac, yn ystod ail chwarter yr 20fed ganrif, fe werthodd cymaint â 30 o gwmnïau yng ngogledd Cymru i'r cwmni mawr o Loegr, Crosville, ond mae rhai o'r cwmnïau bychain yn dal i wasanaethu hyd heddiw.

Sefydlodd Crosville bedair canolfan yn y sir sef yng Nghyffordd Llandudno, Bangor, Caernarfon a Phwllheli, ac oddi yno y rhedai ei wasanaethau. Roedd Caernarfon yn ganolfan brysur iawn gyda gweithlu niferus o yrwyr, gwerthwyr tocynnau, arolygwyr tocynnau, peirianwyr, glanhawyr, rheolwyr, clercod ayyb.

O'r Maes y cychwynnai ac y dychwelai'r bysus o'u hamrywiol deithiau a phwy a allai anghofio y torfeydd oedd yno ar nos Sadyrnau hanner can mlynedd a mwy yn ôl? Maddeued un sylw personol gennyf. Digwyddodd rywdro yn ystod haf 1949 pan oeddwn i a dau gyfaill yn sefyll ar gornel y Maes, lle mae Pound Stretcher heddiw. Am 9 o'r gloch ar nos Sadwrn dechreuasom gyfri faint o fysus a adawodd hyd at ymadawiad y bws olaf am 10.10pm. Roedd y cyfan ohonynt â'u seddau'n llawn a chyda llu mawr o'r teithwyr yn gorfod sefyll. Wnaethom ni ddim cyfri faint ohonynt oedd yn *single deckers* neu'n *double deckers*, ond cofiaf faint oedd nifer y bysus hyd heddiw. A'r ateb oedd 78.

O ystyried pa mor llawn oeddynt, nid oes gennyf ofn dweud bod y cyfartaledd ar bob bws yn sicr o fod beth bynnag yn 50. Gwnewch y swm: 78 x 50 = 3,900. Ie, y cyfnod yn dilyn yr Ail Ryfel Byd a chanol yr 20fed ganrif oedd oes aur bysus bach y wlad.

Terfysg yr Ŷd
yng Nghaernarfon yn 1752

AR FUR OCHR ddeheuol yr allor yn Eglwys Llanbeblig mae cofeb ac arni'r geiriau 'S. M. William Williams, late of Glanrafon, Esq., His Majesty's Attorney General of North Wales. He died on the 26th of April, 1769, aged 65. This monument was erected by his widow Hephzibah Williams.'

Ym Mhlas Glanrafon, Stryd y Castell, yr oedd yn byw, ac yn y llyfr *Old Karnarvon* gan W. H. Jones (cyh. H. Humphreys, 1882) cyfeirir ato fel 'Councillor Williams' a chofnodir ei hanes yn gysylltiedig â therfysg a fu yn y dref yn y flwyddyn 1752.

Roedd yr awdurdodau yng Nghaernarfon wedi clywed si bod nifer mawr o chwarelwyr Mynydd y Cilgwyn ac o gylch Rhostryfan am ymosod ar ysguboriau ŷd yn Stryd y Jêl gan fod pris yr ŷd yn cael ei gadw'n fwriadol uchel trwy ddeddf gwlad ac na allai'r bobl gyffredin ei fforddio.

Un bore ym mis Ebrill 1752, ac yntau'n disgwyl yr ymosodiad, casglodd y Cynghorydd Williams ddynion o'i gwmpas oedd wedi eu harfogi â drylliau, cleddyfau a phastynau i fod yn barod i amddiffyn y storfa doed a ddelo. Yn y cyfamser roedd y terfysgwyr hwythau wedi bod yn gwneud paratoadau, rhag ofn i rywbeth fynd o'i le ar eu trefniadau. Ym Mhenrallt Isaf roedd henafgwr yn byw. Enillai ef ei fywoliaeth fel cweiriwr teithiol, a phan fyddai'n mynd allan i'r wlad i chwilio am gwsmeriaid byddai'n sefyll ar groesffordd neu ar sgwâr pentref ac yn chwythu ei gorn. Yna, os byddai ffermwr angen ei wasanaeth, byddai'n mynd at y groesffordd ac yn ei hebrwng i'w fferm. Yr hyn a wnaeth y chwarelwyr oedd trefnu gyda'r

Gwesty'r Sportsman

hen ŵr i chwythu ei gorn os byddai'n gweld bod perygl yn debygol o ddod i'w rhan pe baent yn ymosod.

Am 10 o'r gloch y bore martsiodd y dynion i mewn i'r dref. Erbyn hyn roedd yr hen ŵr wedi cael ar ddeall bod criw y Cynghorydd Williams yn aros amdanynt yng ngwesty'r Sportsman yn Stryd y Castell a chanodd ei gorn oddi ar stepan drws ei dŷ, a oedd gyferbyn â'r lle yr adeiladwyd capel Moreia dri chwarter canrif yn ddiweddarach. Rhedodd y dynion i gyfeiriad Tŷ'n y Cei a rhydio trwy'r afon ac i gyfeiriad Coed Helen, gyda chriw y Cynghorydd Williams yn glòs wrth eu cwt. Roedd un o'r chwarelwyr, fodd bynnag, yn fwy beiddgar na'r gweddill a phan oedd hanner ffordd ar draws yr afon, meddai wrth ei erlidwyr, "Does ganddo chi ddim bwledi, dim ond powdwr yn eich gynnau." Ac meddai un ohonynt wrtho, tafarnwr y Crown Inn, "Mi ddangosaf iti beth sydd yn y gwn", a thaniodd ergyd a aeth yn syth i'w galon gan ei ladd yn y fan a'r lle.

Rhuthrodd rhai o'r terfysgwyr yn ôl i'r fan lle syrthiodd y truan a chan gydio'n ei gorff, dychwelyd ar wib ac anelu am

Yr Anglesey

ddiogelwch y coed. Yna, aeth y Cynghorydd a'i griw i chwilio am yr hen gweiriwr ac, wedi ei gael, mynd ati ar unwaith i gynnal achos i'w erbyn yn y fan a'r lle. Fe'i caed yn euog a phenderfynwyd ei grogi'n ddi-oed ger tafarn yr Anglesey. Yna, fe'i tynnwyd i lawr a rhoed ef mewn arch a'i gludo i fynwent Llanbeblig. Yn ôl yr adroddiad roedd yn dal i gicio yn yr arch tra taflwyd pridd arni.

Yn y cyfamser, nid oedd y terfysgwyr hwythau wedi bod yn segur. Gwnaethant arch ar gyfer yr un a saethwyd a'i phaentio, hanner yn hanner, yn goch a du, ac yn y pnawn ei chario mewn gorymdaith ddwys trwy strydoedd y dref ac i'r gladdfa yn Llandwrog.

Nid oedd, fodd bynnag, derfyn ar ddialedd y Cynghorydd Williams. Trefnodd i rai o'r terfysgwyr gael eu dwyn gerbron y Llys Ynadon a'u cosbi, a dihangodd eraill ohonynt o'r wlad. Fel cadarnhad o'r hyn a ddigwyddodd, credir bod ysbryd y sawl oedd yn yr arch goch a du wedi bod yn aflonyddu ar y Crown Inn am ganrif, h.y. hyd at 1852, pryd y dymchwelwyd yr adeilad i wneud lle i'r rheilffordd.

Ychwanega W. H. Jones yn ei lyfr bod Rholiau'r Canghellor am y flwyddyn 1752 – y fersiwn swyddogol – yn adrodd fel a ganlyn, sef bod dau ddyn wedi eu crogi yng Nghaernarfon am gynllwynio. Un ohonynt oedd yr hen gweiriwr a'r llall oedd y chwarelwr a saethwyd gan y tafarnwr – a'r Cynghorydd, Twrnai Cyffredinol Ei Fawrhydi dros Ogledd Cymru, heb amheuaeth, oedd wedi cyflwyno'r achos felly i'r awdurdodau yn y pencadlys.

Dywed W. H. Jones, hefyd, iddo ef ei hun yn fwriadol osgoi defnyddio enwau'r rhai a fu farw a bod llawer o ddisgynyddion yr hen gweiriwr teithiol – teuluoedd parchus iawn – yn byw yn y dref ar y pryd pan oedd ef yn ysgrifennu'r hanes, bron 130 o flynyddoedd wedi'r fath anfadwaith.

Hanes Wyres Abram Wood

'TEULU ABRAM WOOD.' Sawl un ohonom sydd heb glywed y geiriau hyn rywdro yn ystod ein bywydau? Fe'u defnyddir gan amlaf i sôn am deulu mawr a'r rheswm syml am hynny yw bod gan yr Abraham neu Abram Wood hwnnw lawer o blant ac wyrion a gorwyrion ayyb. Sipsiwn oeddynt a llawer yn credu mai o'r Aifft yr oeddynt yn tarddu, gan eu cysylltu â'r enwau Saesneg 'Egyptian' a 'Gypsy'. Ond nid felly yn ôl rhai haneswyr mwy diweddar, fodd bynnag. Mae nhw'n honni mai o'r India y daethant a bod eu hiaith, Romani, yn ymdebygu i ieithoedd a siaredir ar y cyfandir hwnnw a bod tylwythau crwydrol lawer wedi sefydlu mewn mannau ar hyd a lled Ewrop.

Mae'n fwy na thebyg mai o Loegr y daeth un tylwyth i Gymru gyntaf, rywbryd tua 1730, ac mai enw'r pennaeth neu 'frenin' oedd Abraham Wood, ond eto, yn ôl yr un ffynhonnell, fe ddywedir iddo ef ac aelod arall o'r teulu, John, hanner brawd iddo, gael eu dienyddio yng Nhaerloyw ar 27 Awst 1737, am ladrata oddi ar un H. Lovell, sipsi arall, ar y ffordd fawr. Roedd y ddau'n gwadu bod hyn yn wir ac yn mynnu mai ceisio cael ad-daliad o fenthyciad a roes Abraham iddo oeddynt. Geiriau olaf Abraham cyn wynebu'r grocbren oedd: "Lord have Mercy upon my soul! I am innocent of what I die for; and it is wilful Murder I declare."

Y farn gyffredinol erbyn hyn yw mai Abraham arall, William Abraham Wood, a gladdwyd ym mynwent Llangelynnin, Meirionnydd, ar 12 Tachwedd 1799, oedd yr un a sefydlodd y tylwyth ac, yn ôl traddodiad, roedd ganddo bedwar o blant, tri mab ac un ferch. Galwyd y mab hynaf yn Valentine, ond cofnodir iddo gael ei gladdu yn Llanfihangel y Traethau dan yr enw John Abraham Woods ar 14 Ebrill 1818, c.76 oed.

Priododd Valentine â Jane Boswell a chawsant bump o blant, sef Adam, Alabeina, Thomas, Jeremiah ac Ellen.

Rhoddir sylw yn neilltuol i'w merch Alabeina ar gyfer yr hanesyn hwn – Alabeina Wood, merch hynaf Valentine a Jane ac wyres Abram Wood, sefydlydd y tylwyth sipsiwn Cymreig, fel y'i gelwir. Yn ôl y sôn, merch fechan iawn ydoedd ac fel Alabeina Bwt yr adnabuwyd hi. Er hynny, roedd yn ferch brydferth dros ben, gwallt du yn tueddu i gyrlio a chroen eurliw ganddi, corff gosgeiddig ac yn syth fel brwynen. Gwisgai glustdlysau a dillad lliwgar ac roedd yn hoff iawn o ddawnsio i gyfeiliant y ffidil neu'r delyn.

Roedd Alabeina ar grwydr ym Mhen Llŷn gyda'r tylwyth yn ystod 1799, y flwyddyn y bu farw ei thaid, Abram, a chawsant ganiatâd i wersylla ar dir fferm fawr yn Llanengan. Treuliasant y nos yn dawnsio a syrthiodd y mab, William Jones, gŵr tal, glandeg, mewn cariad ag Alabeina. Roedd ef eisoes yn briod, ond y canlyniad fu i'r ddau ohonynt adael yng nghwmni ei gilydd ar farch yn perthyn i'r fferm. Ar ôl cyfnod fe dderbyniwyd Alabeina yn ôl gan y tylwyth a maddeuwyd iddi ac i William Jones hefyd am eu hymddygiad. Ganed pump o blant i'r pâr sef Richard, Elizabeth, Sarah, Edward a Nutty, ond bu farw Nutty yn blentyn pedair oed.

Rhoed yr enw 'Wil y Cŵn' ar William gan fod amryw ohonynt ganddo a hwythau'n ei ddilyn i bobman. Roedd yn hoff o lymeitian a bu'n anffyddlon i'w wraig sawl tro. Ar adegau fe'i gadawai am fisoedd, ond dychwelyd y byddai yn ddi-ffael. Roedd eu merch Sarah yn briod ag Edward Foulkes ac yn byw yng Nghaernarfon a daeth Alabeina hithau i'r dref i fyw yn ystod ail chwarter y 19eg ganrif. Dywedir iddi fod yn uchel iawn ei pharch yng ngolwg pobl y dref, yn foesgar ac yn foneddigaidd bob amser. Yn wir, yn ôl pob tystiolaeth ac oni bai am ei gwisg a'i chlustdlysau, ni fuasai unrhyw un yn meddwl mai sipsi ydoedd. Roedd yn gallu siarad y ddwy iaith,

Cymraeg a Saesneg, yn rhugl a chyda choethder ymadrodd na fyddai unrhyw un yn ei gysylltu â'i magwraeth.

Bu Alabeina farw yn 70 oed a chladdwyd hi ym mynwent Llanbeblig ar 23 Awst 1848, gyda'r ficer, y Parch. Thomas Thomas, yn gwasanaethu. Ar y cofnod ar lyfr claddedigaethau'r plwyf ei chyfeiriad olaf oedd Tanrallt, Caernarfon. Rhyfedd meddwl mai'r enw Saesneg ar yr allt honno oedd 'Gypsy Hill', ond er y cyd-ddigwyddiad nid oes lle i gredu mai ar ôl yr hen Alabeina y cafodd yr enw hwnnw.

Nid oedd William Jones yn byw gyda'i wraig pan fu hi farw a dywedir iddo briodi am y trydydd tro yn fuan ar ôl marwolaeth Alabeina. Ond, cyn hir, clafychodd yntau ac ar ei wely angau ei ddymuniad oedd iddo gael ei gladdu mewn bedd ochr yn ochr ag un ei ail wraig. Mynnai mai'r ferch y cyfarfu â hi yn Llanengan hanner canrif ynghynt oedd ei unig wir gariad ac, yn ôl ei addefiad ei hun, "Roeddwn i'n ei charu yn fwy na Iesu Grist."

Ardal Tanrallt a Seilo Bach

Helynt y Faner ar Ŵyl Ddewi

FE'M HATGOFFWYD YN ddiweddar o brotest gyffrous yn nhref Caernarfon a ddigwyddodd ar ddydd ein nawddsant 79 o flynyddoedd yn ôl i eleni. Ar y pryd, doeddwn i ddim yn ddigon hen i gofio'r achlysur ac ymhen rhyw flwyddyn neu ddwy wedyn y deuthum i wybod amdano o enau fy rhieni.

Roedd Cymru'r 1930au yn wahanol iawn i'n Cymru ni heddiw ac yn enwedig felly mewn tref garsiwn fel Caernarfon, lle roedd y mwyafrif mawr yn ystyried eu hunain i fod yn Brydeinwyr yn gyntaf, er gwaetha'r ffaith mai Cymraeg oedd iaith y cartref, y stryd a'r siopau.

Roedd pawb o'r plant yn yr ysgol elfennol yn dathlu trwy gynnal cyngerdd yn y bore ar 1 Mawrth a hanner diwrnod o wyliau yn y pnawn. Fe wisgem genhinen Bedr yn ein llabedi a chlywem yn aml y geiriau "Cymru am byth", ond Saeson ac Americanwyr y sgrîn fawr oedd ein harwyr. Byddai fy nhad yn dweud yn aml mai dim ond dwywaith yn y flwyddyn y byddai llawer yn ystyried eu hunain yn Gymry, a hynny ar yr wythnos gyntaf ym misoedd Mawrth ac Awst, y naill adeg dathlu Gŵyl Ddewi a'r llall pan gynhelid yr Eisteddfod Genedlaethol, a'i enw ef arnynt oedd "Cymry am bythefnos".

Oes felly oedd hi, ond newidiodd pethau yn araf bach ar ôl sefydlu Plaid Genedlaethol Cymru yn 1925 ym Mhwllheli ac agor swyddfa yng Nghaernarfon yn 1930. Er mai prin oedd yr aelodau ar y cychwyn, fe wnaeth yr arloeswyr hyn waith amhrisiadwy trwy annog pobl i fod yn fwy parod i gydnabod eu Cymreictod a gwarchod eu cenedl rhag unrhyw annhegwch.

Yr ymdeimlad o annhegwch hwn a fu'n gyfrifol am yr hyn a ddigwyddodd ar 1 Mawrth 1932. Derbyn llun gan wefanfeistr

Carnarvon Traders, yr hanesydd Mr Keith Morris, o Dŵr yr Eryr, Castell Caernarfon a'm hysgogodd i groniclo'r hanes. Llun ydoedd o ddau bolyn i ddal baneri ac oddi tano y geiriau 'New Flagpole' yn deitl. Roedd am wybod mwy o'r hanes ac yn gofyn pam roedd angen polyn newydd a beth oedd yr arwyddocâd? Cofiais innau beth o'r hanes fel y'i clywais gan fy rhieni a chysylltais â Mrs Angharad Williams, Melin y Wig, Llys Gwyn, Caernarfon, gan y gwyddwn fod ei thad, sef y diweddar Mr J. E. Jones, cyn-Ysgrifennydd Cyffredinol y Blaid Genedlaethol, wedi chwarae rhan mewn gweithred o brotest yn y castell ar Ddydd Gŵyl Ddewi 1932. Yn llyfr ei thad, *Tros Gymru*, edrydd yr hanes yn llawn mewn pennod dan y teitl 'Antur Tŵr yr Eryr'.

Ar Ŵyl Ddewi 1931 y sylwodd gyntaf mai Jac yr Undeb yn unig a chwifiai ar y tŵr ac roedd amryw o aelodau Cangen Caernarfon o'r Blaid Genedlaethol yn teimlo fel yntau'n gryf y dylid gwneud rhywbeth i dynnu sylw'r awdurdod a oedd yn

Ymddangosiad yr ail bolyn ar Dŵr yr Eryr

J. E. Jones

gyfrifol am y castell. Fel Trefnydd y Blaid ysgrifennodd lythyr at Mr David Lloyd George A.S., a oedd hefyd yn Gwnstabl y Castell, ac anfonodd yntau'r llythyr ymlaen i'r Weinyddiaeth Adeiladau. Derbyniodd ateb gan swyddog yn y Weinyddiaeth ac anfonodd ef ymlaen i Swyddfa'r Blaid. Ateb 'haerllug a thrahaus' ydoedd yn ôl J. E. Jones, a chyhoeddodd ef yn y wasg. Gofynnodd amryw o Aelodau Seneddol gwestiynau ar y mater sawl tro, gan alw am roi lle cydradd i'r Ddraig Goch. Ond 'Na' oedd ateb y Gweinidog, Mr Ormsby-Gore, bob tro, hyd yn oed ddiwrnod cyn Gŵyl Ddewi 1932. Cyhoeddwyd ei ateb olaf yn y wasg ar 1 Mawrth, gan gynddeiriogi llawer o Gymry.

Penderfynodd criw o bedwar weithredu'n uniongyrchol

ac am 10 o'r gloch ar fore'r Ŵyl aeth J. E. Jones ei hun, wedi'i wisgo fel beiciwr modur ac yn cario rwcsac, i'r castell. Dilynwyd ef gan dri arall, sef E. V. Stanley Jones, cyfreithiwr ifanc o Gaernarfon, yn cymryd arno mynd â dau ymwelydd o gwmpas, sef oeddynt: W. R. P. George, nai yr enwog Lloyd George, a Wil Roberts, gwas sifil o'r dref. Aethant i fyny i ben Twr yr Eryr a thynnu Jac yr Undeb i lawr a chodi Draig Goch enfawr, a fu'n llochesu yn y rwcsac, yn ei lle. Dechreuodd y pedwar ganu 'Hen Wlad fy Nhadau' ac roedd pobl yn y dref yn curo dwylo o weld y Ddraig yn chwifio o dŵr uchaf y castell.

Yn y diwedd bu raid galw'r heddlu ac anfonwyd y pedwar o'r castell. Tynnwyd y Ddraig Goch i lawr ac ailgodi Jac yr Undeb. Wedi cymryd enwau'r pedwar gadawyd iddynt fynd heb ddwyn achos i'w herbyn. Roedd y brotest drosodd ym marn y rhai a ofalai am y castell, ond roedd mwy i ddod.

Yn ystod y pnawn hwnnw, ac yn ddiarwybod i'r protestwyr cyntaf, daeth tua 20 o fyfyrwyr o Fangor i Gaernarfon dan arweiniad R. E. Jones, yn wreiddiol o Langernyw ond a gofir wedyn fel ysgolfeistr Llanberis a chyn-ymgeisydd y Blaid yn etholaeth Arfon. Aethant hwythau i mewn i'r castell trwy dalu am docyn wrth Borth y Brenin ac, ar ôl edrych o'u cwmpas, anelu at Dŵr yr Eryr a chael, er eu mawr syndod, fod y ddôr wedi ei chloi. Yn ffodus, fodd bynnag, daethant ar draws agen saethu yn y mur ac aethant i mewn trwyddi ac i fyny Twr yr Eryr. Unwaith eto, tynnwyd Jac yr Undeb i lawr a chodwyd eilwaith faner Cymru. Galwyd eto am gymorth yr heddlu ac ar ôl cryn drafferth fe'u gyrrwyd hwythau o'r castell. Y tro hwn, fodd bynnag, fe lwyddodd un ohonynt i wisgo Jac yr Undeb amdano dan ei ddillad ac aeth â hi i Swyddfa'r Blaid.

Yn ddiweddarach anerchodd R. E. Jones ac eraill dyrfa ar y Maes ac roeddynt yn hynod feirniadol o agwedd y Llywodraeth a gwaeddwyd am losgi Jac yr Undeb. Prysurwyd i Swyddfa'r

Blaid i'w nôl ac ymdrechwyd ei llosgi, ond gan i hynny brofi'n aflwyddiannus penderfynwyd ei rhwygo'n ddarnau a chadwyd sawl darn i gofio'r digwyddiad.

Diwrnod cyffrous! Er hynny, nid dyna ddiwedd 'Antur Tŵr yr Eryr'. Na! Dim o bell ffordd. Creodd agwedd ystyfnig y Llywodraeth gryn anniddigrwydd drwy Gymru gyfan a daliodd Aelodau Seneddol Cymreig i ofyn cwestiynau yn y Senedd. Roedd llawer o'u hetholwyr yn gandryll ac erbyn y flwyddyn ganlynol daeth yn hysbys bod y Llywodraeth wedi gwneud tro pedol. Ie, 'Trech gwlad nag Arglwydd' yw'r ymadrodd sy'n dod i'r meddwl.

Y tebyg yw i'r Llywodraeth orfod plygu i ddymuniad y werin bobl o dan y fath bwysau gan rai mewn awdurdod yng Nghymru. Pa ran a chwaraeodd y cyn-Brif Weinidog Lloyd George yn hyn ni wyddys, ond ef a fu flaenllaw yng ngweithgareddau Gŵyl Ddewi ar 1 Mawrth 1933. Cyn hynny roedd rheol newydd wedi ei chyhoeddi yn caniatáu i faner Cymru gael ei chodi ar bolyn ochr yn ochr â Jac yr Undeb ar Dŵr yr Eryr. Mewn pwyllgor arbennig o'r Cyngor Tref dadleuodd J. E. Jones a Nefydd Jones yn gryf 'dros gael cenedlaetholwr iawn i weinyddu'n y seremoni', ond fe wrthwynebwyd hyn yn bendant ac yn ei lyfr *Tros Gymru* dywed J.E. i E. P. Evans, prifathro'r Ysgol Sir, Rhyddfrydwr brwd a blaenor yn Engedi, ddatgan bod Lloyd George wedi rhoi gorchymyn nad oedd neb ond ef i gael codi'r Ddraig Goch yng ngŵydd y tyrfaoedd. Ond, fel y troes pethau allan, nid felly y bu.

Yn y papur Saesneg lleol, cyhoeddwyd mai W. G. Williams, Maer y dref, a gafodd y fraint o godi'r Ddraig Goch ac mai Dirprwy Gwnstabl y Castell, Charles A. Jones, C.B.E., cyfreithiwr lleol a Chlerc y Llys, a gododd Jac yr Undeb a hynny am 8 o'r gloch ar fore'r Ŵyl. Aeth miloedd o Gymry i'r castell y diwrnod hwnnw ac yn ystod y bore a'r prynhawn

Lloyd George

buont yn canu ac yn gwrando ar ganeuon gwladgarol gan
gorau lleol. Cafwyd bod Lloyd George ei hun wedi llunio'r
geiriau ar gyfer un gân ac iddo gael ei blesio'n fawr gan y canu
a fu arni. Roedd yn 3 o'r gloch y pnawn pan gyrhaeddodd ef
orsaf reilffordd Caernarfon o Lundain ac aeth rhai i'w gyfarfod
a'i hebrwng i'r castell, lle'r ymwisgodd yn lifrai Cwnstabl y
Castell.

Yna dechreuodd annerch y dorf fawr o dros fil a oedd
yn cynnwys llu o blant ysgol. 'Undod' oedd byrdwn araith
gwladweinydd y tafod arian ar y Dydd Gŵyl Ddewi hanesyddol
hwnnw, a phawb yn dal ar bob gair a ddôi o'i enau. Ei
gyfarchiad cyntaf oedd "Y Maer, Maeres hen dref Caernarfon
a chyd-wladwyr" ac roedd ymateb y dorf i hyn yn wresog a
bloeddiodd y plant "Hwrê!" Dywedodd nad oedd wedi dod i

159

Gaernarfon y diwrnod hwnnw i areithio iddynt, ond i ymuno â nhw mewn dathliad y tu fewn i furiau'r castell a adeiladwyd i lethu cenedl y Cymry. Castell a fwriadwyd i'n gormesu. Ar Ŵyl Ddewi, fodd bynnag, anghofid yr hyn oedd yn ein rhannu fel plaid, sect neu enwadaeth ac roeddem yn genedl unedig. Croesawai hyn yn fawr, gan ei gymharu â'r Eisteddfod Genedlaethol lle roedd pawb yn gytûn a'r gwahaniaethau barn ar faterion cenedlaethol fel addysg a chrefydd yn cael eu rhoi o'r neilltu tros yr ŵyl. Er lles cenedl y dylid cael dyddiau o'r fath!

Soniodd am yr iaith Gymraeg gan ddyfynnu ystadegau i godi'r galon, os yn gamarweiniol. Roedd saith gwaith mwy yn siarad yr iaith Gymraeg bryd hynny nag yn nyddiau Llywelyn Fawr ac Owain Glyndŵr a phedair gwaith yn fwy nag yn nyddiau Goronwy Owen, a chan bwyntio at y plant, meddai, "Ac fe gerir ymlaen am genedlaethau gan y rhai hyn." Cyfeiriodd wedyn at yr iaith Saesneg gan ddweud ei bod yn cael ei siarad gan draean o boblogaeth y byd ac o'r herwydd, "Rydych chi yng Nghymru, wrth ddysgu dwy iaith, ar dir diogel."

Diweddodd ei araith trwy sôn fel yr oedd ef wedi dod o Lundain mewn saith awr a gofynnodd "Beth ddywedasai milwyr Iorwerth, oedd yn gwylio'r castell hwn, pe dywedech hynny wrthynt? Ni fuasent yn coelio." Ymgais oedd hyn i egluro pa mor fychan oedd y byd mewn cymhariaeth a dyfynnodd englyn gan Robin Ddu Ddewin, bardd a oedd yn proffwydo chwe chanrif ynghynt y byddai dyn yn gallu ehedeg ymhen amser:

> Codais, ymolchais ym Môn – cyn naw awr
>   Ciniawa'n Nghaer Leon,
>   Pryd gosber yn y Werddon
>   Prynhawn wrth dân mawn ym Môn.

Yr unig gyfeiriad at y brotest flwyddyn ynghynt oedd ar ddechrau'r araith, pan ddywedodd Lloyd George nad oedd yn erbyn brwydro – yr oedd wedi cymryd rhan mewn amryw frwydrau ac yn ôl pob tebyg byddai'n cymryd rhan mewn brwydrau eraill. Chwarddodd y dorf ac aeth yntau ymlaen i bwysleisio pwrpas y dathlu, sef undod.

Diolchodd y Maer iddo am ei araith ac ategwyd y diolch gan y Dirprwy Gwnstabl, Charles A. Jones. Diweddwyd y cyfarfod trwy ganu'r ddwy anthem, 'Duw Gadwo'r Brenin' a 'Hen Wlad fy Nhadau'.

Da fuasai gallu dweud bod ysbryd y diwrnod hwnnw wedi parhau, ond nid felly y bu. Nid oedd pob adeilad o bwys yn chwifio'r Ddraig Goch ar ddydd ein nawddsant. Dyma ddyfyniad o *Triban Rhyddid* yn y flwyddyn 1935.

'Cofiwch Dŵr yr Eryr... Ond eto, yr "Union Jack" a chwifir oddi ar y Clwb Rhyddfrydol yng Nghaernarfon, hyd yn oed ar Ddydd Gŵyl Ddewi, er i'r Blaid Genedlaethol apelio [am] chwifio'r Ddraig Goch.'

Carchar Caernarfon

GYDA LLAWER YN sôn yn ddiweddar am y posibilrwydd y byddai carchar newydd yn cael ei adeiladu ar safle hen ffatri Ferodo, neu Friction Dynamics fel y gelwid hi wedyn, meddyliais mai da o beth fyddai atgoffa'r darllenwyr nad peth newydd fyddai cael carchar ar drothwy ein drws, fel petai. Bu carchar yma ers canrifoedd ac o fewn muriau'r castell y carcharwyd gwrthryfelwyr a drwgweithredwyr yn ystod y Canol Oesoedd. Yn ddiweddarach lleolwyd carchar yn Stryd y Jêl. Yn dilyn newidiadau a orfodwyd ar gymdeithas gyda Deddf Ddiwygio 1832 bu raid moderneiddio carchardai trwy'r Deyrnas Unedig a gwnaed hynny yng Nghaernarfon. Pan gaewyd y carchar yn 1922 addaswyd yr adeilad ar gyfer pencadlys Cyngor Sir Gaernarfon ac mae'r adeilad eto'n rhan o bencadlys newydd Cyngor Sir Gwynedd.

Carchar ydoedd hwnnw a fwriadwyd ar gyfer drwgweithredwyr Sir Gaernarfon yn unig ar y cychwyn. Adeiladwyd carchar arall ym Miwmares yn 1829 ar gyfer Sir Fôn, ond cwta hanner canrif y bu'n agored a chaewyd ef yn 1878 ac i garchar Caernarfon yr anfonwyd y rhai a droseddodd ym Môn wedyn, fel yn achos William Murphy a lofruddiodd Gwen Ellen Jones yng Nghaergybi ar Nos Nadolig 1909.

Ym Mrawdlys Biwmares y dedfrydwyd ef i farwolaeth, ond yng ngharchar Caernarfon y treuliodd ei ddyddiau olaf a dienyddiwyd ef ar 15 Chwefror 1910. Ef oedd y trydydd a'r olaf i gael ei grogi o fewn muriau'r carchar. Y cyntaf oedd John Roberts (Jac Swan) o Rowen ger Conwy a grogwyd ar 10 Awst 1853 am lofruddio Jesse Roberts, ysgolfeistr ifanc, a'r ail oedd Thomas Jones, tincer, yn wreiddiol o Fôn ac a

162

Staff carchar Caernarfon, 1892

gafwyd yn euog o ladd ei gariad Mary Bruton ar fynydd y Manod, Ffestiniog. Dienyddiwyd ef 45 o flynyddoedd, namyn wythnos, ar ôl Jac Swan h.y. ar 3 Awst 1898.

Ond peidied neb â meddwl mai dim ond carcharorion a gyflawnodd droseddau difrifol, gan gynnwys llofruddiaethau, a garcharwyd yng ngharchar Caernarfon. I'r gwrthwyneb, roedd yno groesdoriad o fân droseddwyr a rhai a fu'n euog o droseddau a ystyrid yn haeddiannol o gosbau llymach, megis trawsgludiad (*transportation*).

Hanesyn trist yw hwnnw am wraig a alwyd yn 'Begw Dau Ŵr', neu i roi iddi ei henw iawn, Margaret Presdee. Roedd ganddi restr o droseddau gan gynnwys cyfnod yng ngharchar Caernarfon am ddwyn pwrs oddi ar ddyn yn nhafarn y Duke of Wellington yn Ebrill 1840. Yn Ionawr 1844 dirwywyd hi 10 swllt am ymosod ar berson a 10 swllt arall o gostau, a chan iddi fethu â thalu anfonwyd hi i garchar am fis. Yn Awst yr un flwyddyn cafwyd hi'n euog o dderbyn nwyddau wedi eu dwyn o siop ddillad yn y Bont Bridd. Yn y Llys Chwarter cymerwyd i ystyriaeth hefyd y drosedd yn 1840 a dedfrydwyd hi i gael ei thrawsgludo i Van Diemen's Land am gyfnod o saith mlynedd. Cafodd dyn o'r enw Morgan James ddedfryd gyffelyb am ddwyn pwrs ffermwr ac anfonwyd y ddau i garchar Millbank yn Llundain i aros am long ar gyfer eu halltudio.

Trawsgludwyd Begw ar long garchar o'r enw *Tory* ynghyd â 15 o ferched eraill a ddedfrydwyd yn Sir Gaernarfon.

Ar wahân i ladrata, meddwdod oedd yn gyfrifol am roi'r mwyafrif y tu ôl i'r barrau heyrn ac yn eu plith roedd un a alwyd yn 'Bob Robin', er mai ei enw bedydd oedd Robert Roberts. Roedd llysenw yn beth cyffredin iawn yng Nghaernarfon yn yr oes honno, fel y tystia'r enwau canlynol: Nanny Wyllt, Dafydd y Cranc a Wil Cocos. Dywedir i Bob Robin dreulio mwy na hanner ei oes fel oedolyn o dan glo ac yn ôl yr hanes byddai llawer o fechgyn ifanc y dref yn gyfrifol am ei gael i drwbwl sawl tro trwy brynu diod iddo er mwyn cael ei weld yn mynd trwy'i bethau. Ni ddaliwyd yr un ohonynt a'u galw i gyfri, ond fe'u beirniadwyd yn hallt sawl tro gan yr ynadon ac yn enwedig gan un o gymwynaswyr mwyaf y dref, Syr Llewelyn Turner. Dyma ddyfyniad o'r hyn a ddywedodd wrtho cyn ei ddedfrydu ar un achlysur: 'It must be evident, that you are not in a position to purchase drink, and I have received reliable information, that it is given to you by others. It is disgraceful in the extreme to those who so act by giving you drink for the sake of beholding your folly.' Ond gwastraffu ei eiriau a'i amser ydoedd y bonheddwr ac ni chafodd ddylanwad ar na Bob Robin na'r rhai a brynai ddiod iddo. Er nad oedd neb wedi cael ei roi yn y *stocks* ers amser maith, bu raid i'r hen Bob Robin druan ddioddef cosb o bum awr o 10 yn y bore hyd 3 o'r gloch y pnawn un dydd Gwener yn 1848 ac mae'n debyg mai ef oedd yr olaf yng Nghaernarfon i gael ei amharchu yn y fath ffordd annynol.

Heb ymhelaethu'n ormodol dylid nodi hefyd bod puteindra yn rhemp yn y dref yn ystod hanner cyntaf y 19eg ganrif a Gardd yr Afon (Mill Lane i ni heddiw) oedd *red-light district* Caernarfon bryd hynny. Mae amryw o enghreifftiau ar gael yn y papurau lleol o rai o'r merched yn treulio cyfnodau yn y carchar am droseddau megis dwyn arian oddi ar eu 'cwsmeriaid'.

Tynnwyd y tai hynny i lawr i wneud lle i'r rheilffordd i Lanberis ac Afon Wen yn niwedd yr 1860au ac aeth llawer o'r merched i ardal Tanrallt lle buont yn dilyn yr un math o ffordd o fyw, er mawr loes i gapelwyr ac eglwyswyr selog y dref.

Rhyfedd meddwl fel roeddem ni'n ifanc wedi cael ein cyflyru i feddwl mai oes y diwygiadau crefyddol ac addoldai llawn oedd y 19eg ganrif ac mai rhan o Wlad y Menyg Gwynion oedd tref Caernarfon, ond erbyn heddiw, sgersli bilîf! Ar wahân i'r cyffuriau felltith a'u heffaith ar ein cymdeithas, oes rhywbeth arall wedi newid?

Hen Strydoedd y Dref
a'u Cyfrinachau

FE DDYLEM NI, y rhai sy'n byw yma, fod yn hynod ddiolchgar i ŵr o'r enw W. H. Jones am gofnodi peth o hen hanes ein tref mewn llyfryn tra gwerthfawr yn y flwyddyn 1881. Argraffwyd ef yn Saesneg, *Old Karnarvon*, gan frodor o'r dref, Hugh Humphreys (1817–1896), Y Maes, a oedd yn un o argraffwyr enwocaf Cymru yn y 19eg ganrif. Diolch i'r diweddar Eirug Wyn a oedd yn berchennog Siop y Pentan, Stryd y Porth Mawr, oherwydd yn 1984 cafwyd ailargraffiad ac erbyn heddiw nid oes modd cael gafael ar yr un copi am bris rhesymol. Deallaf fod Amazon yn gofyn £37 am un.

Cofnoda W. H. Jones hanes y strydoedd yn ôl trefn yr wyddor, gan ddechrau gyda 'Bangor Street'. Yn y Canol Oesoedd rhoddwyd yr enw 'Llanvore Lane' arni a dyna fel y cyfeirir ati ar hen fap John Speed a gyhoeddwyd yn y flwyddyn

1610. Llygriad o'r gair Cymraeg 'Llanfair' yw 'Llanvore' a chyfeirio y mae'r awdur at enw'r plwyf agosaf at Lanbeblig, sydd yn terfynu lai na dwy filltir o'r dref ar Ffordd Fangor, sef 'Llanuair Is Kaer' neu 'Llanfair Is Gaer' mewn Cymraeg mwy diweddar.

Rhydd y llyfr sylw arbennig i ben ucha'r stryd, sef ardal Pendref, gan gyfeirio at gapel yr Annibynwyr o'r un enw ac yna gwesty'r Celt, fel y'i gelwir heddiw, a'r hen Briordy a safai gyferbyn â'r gwesty. Ni chytunai'r awdur ag oedran y Priordy a oedd, yn ôl un ffynhonnell, yn dyddio'n ôl i 1360. Seiliai ei ddadl ar y ffaith mai pensaernïaeth o gyfnod Elizabeth I oedd i'r adeilad. Ar y llaw arall, adeiladwyd y gwesty yn ystod blynyddoedd cynnar y 19eg ganrif a'r enw a roed arno bryd hynny oedd yr Uxbridge Arms Hotel ar ôl Iarll Uxbridge a ddyrchafwyd yn Ardalydd Môn yn dilyn ei wrhydri pan gollodd ei goes yn ystod Brwydr Waterlŵ. Ef oedd y prif swyddog o dan Ddug Wellington.

Ond y stori fwyaf cyffrous am ddyddiau cynnar y gwesty yw'r un yn y flwyddyn 1824, pan ddaeth ymwelydd i aros yno yn ystod Cyfarfod Blynyddol y Methodistiaid yn y dref. Roedd wedi bod yn gwrando ar rai pregethwyr huawdl yn trafod mynediad i deyrnas nefoedd, ac wedi iddo ddychwelyd i'r gwesty gofynnodd i'r 'Boots' am fenthyg bwyell. Wedi ei chael aeth i'w ystafell ac agor y ffenestr. Rhoes ei law dde

Hen westy'r Royal

ar y lintel a thorrodd hi ymaith. Ymhen yrhawg aeth rhai o weinyddion y gwesty i'w ystafell a'r hyn a ddywedodd wrthynt oedd nad oedd wedi gorffen ei waith ac y dylai hefyd fod wedi tynnu ymaith ei lygad, gan ychwanegu, "Gyda'r rhai hyn ni allaf gael mynediad i Deyrnas Nefoedd." Gwers inni oll i beidio â chymryd rhai o ddyfyniadau'r Beibl yn llythrennol.

Dyna hen hanes y Priordy a hanes cynnar gwesty'r Uxbridge, a gedy hynny hanes y capel Anghydffurfiol, Pendref, a roes yr enw i'r rhan hon o Stryd Fangor. Enwad yr Annibynwyr oedd y cyntaf o'r enwadau i gael ei sefydlu yng Nghaernarfon a buont mewn bodolaeth ers cychwyn y 18fed ganrif ym Mhenrallt ac yna yn ardal Treffynnon. Cychwynnodd gŵr o'r enw y Parch. Daniel Phillips o Sir Gaerfyrddin achos ym Mhwllheli yn 1694 ac yn ddiweddarach daeth i genhadu yng Nghaernarfon, lle bu'n eithaf llwyddiannus, ac yn 1791 codwyd capel Pendref. Llwyddiannus yn ddiamheuol, ond nid gwaith hawdd gan fod gwrthwynebiad ffyrnig i unrhyw ffurf ar Anghydffurfiaeth yn bodoli ar y pryd. Troes y gwrthwynebiad yn elyniaeth ac ar un achlysur pan oedd y Parch. Daniel Phillips yn pregethu yn yr awyr agored, taniwyd ergyd o wn ato. Trwy lwc aeth yr ergyd heibio iddo, ond yn beryglus o agos i'w glust.

Nid dyna ddiwedd y casineb a ddangoswyd tuag ato ef a'i olynwyr chwaith, a'r enw a roes pobl y dref ar Daniel Phillips oedd Ioan Fedyddiwr yr Anghydffurfwyr yng Nghaernarfon. Bu farw yn 1722 ac fe ddaeth Mr John Thomas i fugeilio'r Achos. Yn ddiweddarach, priododd yntau gyda gweddw Daniel Phillips. Un o'r enw Mr Edwards a'i dilynodd ef fel Bugail ac roedd hefyd yn cadw ysgol yn y dref, ond bu raid iddo ymddiswyddo ar ôl helynt un noswaith gyda ficer plwyf Llanbeblig, y Parch. William Williams, a aeth i'w gartref yn hwyr y nos gyda chriw o ddynion afreolus a'i fygwth. Cyhuddwyd ef o ddenu Anghydffurfwyr o rannau eraill o

Gymru i'r dref i bregethu ac efengylu a bu raid iddo ymddangos gerbron Llys yr Esgob. Gwnaed ei fywyd yn annioddefol ac aeth i Fôn i agor ysgol yno yn 1752. Fodd bynnag, wedi adeiladu capel Pendref yn 1791 aeth yr achos o nerth i nerth a bu yno weinidogion gweithgar drwy'r 19eg ganrif, gyda'r gynulleidfa yn tyfu'n sylweddol. Cymaint oedd y llwyddiant nes y bu raid ailadeiladu'r capel ddwywaith yn ystod hanner cyntaf y 19eg ganrif, sef yn 1819 ac yn 1838. Yna, yn 1862, bu raid ei ehangu eto a hynny yn yr un flwyddyn y codwyd capel Salem ym Mhenygraig.

Diwedda W. H. Jones ei hanes am Stryd Fangor gyda chyfeiriad at adeiladu'r Pafiliwn yn 1877 ar gyfer cartrefu'r Eisteddfod Genedlaethol yn yr un flwyddyn. Rhydd fanylion am y gost o adeiladu ar ddarn o dir a elwid yn Cae Twtil a'r ffordd yr aed ati i werthu cyfranddaliadau, a sawl manylyn arall a oedd yn berthnasol i'r digwyddiad hanesyddol hwnnw. Ond stori arall ydi honno.

Y *Suffragettes* yn Dre

MAE'R YMGYRCH FYD-EANG gan ferched, ganrif a mwy yn ôl, i sicrhau yr un hawl â dynion i fwrw pleidlais mewn etholiadau yn wybyddus i bawb ohonom. Ond faint sy'n gwybod bod carfan gref a milwriaethus o'r *suffrage movement*, y *Suffragettes*, wedi bod yn martsio trwy strydoedd Caernarfon ac wedyn yn creu difrod bwriadol mewn rhannau o'r dref? Gweler y llun uchod sy'n dangos heddwas yn ceisio gwarchod un ferch rhag cael ei tharo gan ddyn yn gwisgo cap ac yn chwifio ffon. Mae'r orymdaith i'w gweld yn gadael y Maes ac yn cychwyn i fyny Stryd Llyn.

Dau enw sy'n dod i'r cof wrth drafod y mudiad *suffrage* a'r *Suffragettes* – dwy ferch o'r dosbarth breintiedig, fel yn wir yr oedd y mwyafrif o'r aelodau. Roedd Emmeline Pankhurst yn un o arweinyddion y mudiad ac Emily Wilding Davison yn athrawes 40 oed pan drawyd hi'n anymwybodol ar gwrs rasio ceffylau Epsom ar ddiwrnod y Derby, 4 Mehefin 1913, gan geffyl y Brenin Siôr V. Bu farw o anafiadau difrifol i'w phen bedwar diwrnod yn ddiweddarach. Roedd hi'n aelod o'r hyn a elwid y Women's Social and Political Union (WSPU) a sefydlwyd ym Manceinion yn 1903 gan Emmeline Pankhurst – mudiad eithaf parchus ar y cychwyn, ond a dyfodd i fod yn un milwriaethus wedyn er mwyn tynnu sylw'r cyhoedd at sefyllfa israddol merched yn y gymdeithas.

Roedd y WSPU yn benderfynol o fynd â'r maen i'r wal ac am dorri'r gyfraith sawl tro er ceisio ennill y frwydr. Carcharwyd llawer o'r aelodau ac erbyn hynny roedd llu o ferched dosbarth gweithiol wedi ymuno â nhw. Bu Emmeline Pankhurst ei hun o flaen y llysoedd bum gwaith a charcharwyd hi bedair gwaith. Gwrthododd rhai ohonynt fwyd mewn protest ac roedd hyn yn peri pryder i'r awdurdodau. Y peth olaf yr oeddynt am ei weld oedd un o'r carcharorion yn marw o newyn oherwydd byddai hynny'n ei gwneud yn ferthyr. O ganlyniad fe'u gorfodwyd i gymryd bwyd, ond ar un achlysur bu bron i un ferch farw gan i'r bwyd a orfodwyd arni fynd i'w hysgyfaint a bron â'i mygu.

Buasai yn cymryd tudalennau lawer i sôn am y cam-drin a'r arteithio a fu ar y rhai a garcharwyd a bodlonaf ar ddyfynnu ystadegau a gyhoeddwyd gan haneswyr o'r nifer a ddioddefodd rhwng 1905 ac 1914, cyfanswm o 1,085 o ferched a 9 o ddynion a oedd yn gefnogol i'w hachos. O'r nifer hyn mae'r hanesydd Martin Pugh wedi cofrestru 241 a aeth ar streic newyn, 110 yn 1909–1910 a 131 yn ystod 1912–1913.

Er gwaethaf y gwrthwynebiad i bolisi'r Llywodraeth o orfodi bwyd ar y streicwyr newyn mewn dull annynol ac i feddygon nodi'r peryglon i fywyd yr unigolion, fe gariwyd ymlaen i wneud hynny. Roedd rhai o'r adroddiadau gan feddygon yn feirniadol o'r Llywodraeth a defnyddid y geiriau 'artaith' ac 'arteithio' yn fynych iawn. Rhoesant enghreifftiau o gyflwr merched a ryddhawyd o'r carchar, rhai'n dioddef cleisiau lawer, eraill â'u trwynau'n gwaedu, anafiadau i'w cegau, eu gyddfau a'u dannedd, gwallt wedi ei dynnu o'r gwraidd, pwysau gwaed uchel, dihydradu ayyb. Pan fethai meddygon y carchar â'u bwydo trwy eu cegau byddent yn gwthio tiwb rwber trwy eu trwynau a hynny'n boenus iawn, ond ychydig o faeth a gâi'r carcharor druan gyda'r dull hwn a rhaid oedd eu rhyddhau cyn iddynt fod yn ferthyron.

Cafodd Emily Davison fwy na'i siâr o'i cham-drin y troeon diwethaf y bu'n y carchar a meddyliodd am ffordd arall i dynnu sylw at yr achos. Ni wyddys i sicrwydd ai ei bwriad oedd cyflawni hunanladdiad yn Epsom y diwrnod hwnnw ac roedd ei gwrthwynebwyr yn gwneud yn fawr o'r ffaith iddi brynu tocyn dychwel i fynd yno ar fore 4 Mehefin 1913. Cafodd afael ar ddwy faner y WSPU a'u cuddio o dan ei dillad a mynd i sefyll mewn man agos at y cwrs rasio. Ei bwriad, mae'n debyg, oedd gosod y baneri dros y ceffyl wrth iddo basio, ond cafodd ei tharo ganddo ac yna fe'i ciciwyd drachefn yn ei phen a dyna fu achos ei marwolaeth bedwar diwrnod yn ddiweddarach.

Waeth beth oedd y gwir, gwnaeth y WSPU ferthyr ohoni a rhoes hyn fomentwm i'w hachos. Cynhaliwyd cyfarfodydd ymhob rhan o Brydain a dyna sut y cynhaliwyd un yng Nghaernarfon ar 15 Awst 1913. Edrydd y *Carnarvon & Denbigh Herald* bod gofalwr Ysgol y Sir, Mr Hughes, yn mynd o gwmpas adeiladau'r ysgol yn ôl ei arfer am 8.40am pan sylwodd fod tân i'w weld trwy bedwar neu bump o ffenestri yng nghefn un adeilad ac, wedi cael cymorth dau neu dri pherson arall, llwyddwyd i'w ddiffodd. Yna gwelwyd copïau o lenyddiaeth y *Suffragettes* wedi eu gwasgaru o gwmpas yr iard. Yn ddiweddarach caed bod tas wair wedi ei llosgi i'r llawr ar fferm Cae Gwyn heb fod nepell i ffwrdd. Cyd-ddigwyddiad oedd i gyfarfod arall gael ei gynnal yn yr eglwys Saesneg yn Castle Square y noson cynt gan y National League for Opposing Women's Suffrage a'r siaradwraig wadd oedd Mrs Gladstone Solomon.

Rhoed cryn sylw i Ysgol y Sir ym mhapurau'r *Herald* am y flwyddyn 1913. Dyma'r flwyddyn yr ymddeolodd Mr Gaudin, y prifathro cyntaf, a phenodwyd Mr E. P. Evans i gymryd ei le ym mis Medi. Ar 19 Medi hefyd cychwynnodd Miss Edith Morris ar ei gwaith fel athrawes Ffrangeg a rhoes y ddau flynyddoedd lawer o wasanaeth clodwiw i'r ysgol.

Yn ystod Rhyfel 1914–1918 cyflogwyd merched i wneud gwaith o bwys cenedlaethol a meddalodd agwedd y Llywodraeth tuag atynt. Pasiwyd deddf yn 1918 yn caniatáu i ferched dros 30 oed gael yr hawl i bleidleisio, ond bu raid disgwyl tan 1928 i ostwng yr oed hwnnw i 21 fel yn achos dynion.

Yr Hen Gownti Sgŵl

Yɴ ʏʀ ʜᴀɴᴇsʏɴ blaenorol fe drafodwyd y difrod a wnaed i'r hen Gownti Sgŵl gan aelodau o'r mudiad *suffrage* yn y flwyddyn 1913 a'r tro hwn rhoir sylw i hanes cychwyn yr ysgol honno ar droad y ganrif ddiwethaf.

Fe'm haddysgwyd i yno o 1939 tan 1944, o dan ofal y prifathro E. P. Evans, ac fe adewais i'r ysgol ar yr un diwrnod y bu i Mr Evans ymddeol. Cofiaf y dyddiau olaf pan ddaeth y prifathro â'i olynydd, Mr J. Ifor Davies, i'r dosbarth i'w gyflwyno inni ac ni feddyliais ar y pryd y byddai Mr Davies yn ysgrifennu llyfr trwchus yn rhoi hanes cynnar yr ysgol ar gof a chadw ar gyfer cenedlaethau i ddod.

Rhoes yr awdur gynnwys ei lyfr mewn pedair adran: 1) Rhagair a Diolchiadau; 2) Cyflwyniad; 3) Rhan I o 1885–1944; 4) Rhan II o 1945–1968. Fodd bynnag, cyfyngir sylwadau'r ysgrif hon at y cyfnod yn terfynu yn ystod blynyddoedd cynnar yr 20fed ganrif. Ar yr un pryd, dylid rhoi sylw i'r enwau a fathwyd ar yr ysgol o 1945 ymlaen yn dilyn pasio Deddf Addysg Butler, sef Ysgol Ramadeg Caernarfon ac Ysgol Syr Hugh Owen ar ddiwedd yr 1960au. Penderfyniad llywodraethwyr yr Ysgol Ramadeg oedd defnyddio'r enw Hugh Owen ar ôl y bachgen o Fôn (1804–1881) a addysgwyd yng Nghaernarfon yn ystod y cyfnod y bu'r Parch. Evan Richardson yn addysgu yma. Gadawodd Ysgol Evan Richardson yn y flwyddyn 1823 yn 19 oed ac ar ôl cyfnod o ddwy flynedd ar y fferm yn Nhal y Foel aeth i Lundain lle cafodd waith fel clerc twrnai.

Yn 1836 penodwyd ef yn glerc yng Nghomisiwn Deddf y Tlodion ac yn brif glerc yno yn 1853 a pharhaodd yn y swydd pan gymerwyd y Comisiwn drosodd gan y Bwrdd Llywodraeth Leol. Yn Llundain y treuliodd y rhan helaethaf o'i oes, ond roedd Cymru'n agos iawn at ei galon, a gwelai lawer o ddiffygion yn y system addysg yma. Penderfynodd wneud rhywbeth am y peth a bu'n flaenllaw yn ceisio gwella'r sefyllfa am yn agos i ddeugain mlynedd. Rhestrir isod rai o'i lwyddiannau:

1) Sefydlu ysgolion anenwadol, ac mae'r hen Ysgol Hogiau (1858) ym Mhenrallt Isaf yn un ohonynt.

2) Cymaint oedd llwyddiant y fenter hon drwy Gymru benbaladr, sylweddolodd yn fuan nad oedd digon o athrawon ar gael a bu'n flaenllaw mewn ymgyrch codi arian i sefydlu Coleg Hyfforddi Athrawon ym Mangor – y Coleg Normal (1858). Yn fuan wedyn codwyd coleg tebyg i ferched yn unig yn ne Cymru.

3) Ei brif gyfraniad i addysg yng Nghymru oedd ymgyrch debyg dan ei arweiniad i godi Coleg Prifysgol ar dir hen westy yn Aberystwyth yn 1872.

4) Buan y sylweddolwyd nad oedd safon addysgol y myfyrwyr yn dod i'r Brifysgol yn ddigon uchel ac roedd Syr Hugh yn gweithio ar gynllun i sefydlu ysgolion canolraddol trwy Gymru ac ar roi perswâd ar wleidyddion i basio deddf i'r perwyl hyn yng Nghymru. Yn anffodus bu farw yn 1881 cyn gweld gwireddu ei freuddwyd.

Mae'n amlwg felly bod rhoi dewis enw y llywodraethwyr, sef Syr Hugh Owen, ar yr ysgol yn addas iawn o gofio ei gyfraniad enfawr i addysg yng Nghymru ac mai yn y dref hon y cafodd ef ei hun ei addysg gynnar. Llwyddodd, fodd bynnag, yn dilyn darlith a roddodd i'r Eisteddfod Genedlaethol yn 1880, i ennill cefnogaeth Arglwydd Aberdâr ac eraill dylanwadol yn y Blaid Ryddfrydol i bwyso am ddeddf ar gyfer codi ysgolion canolraddol yng Nghymru, ond bu raid aros tan y flwyddyn 1889 cyn gweld y ddeddf ar y Llyfr Statud.

Gyda sefydlu cynghorau sir ag aelodau etholedig rai misoedd ynghynt, ysbardunwyd y Cyngor Tref i wneud cais am i un o'r ysgolion canolraddol arfaethedig gael ei lleoli yng Nghaernarfon a chynhaliwyd cyfarfod cyhoeddus o dan gadeiryddiaeth y Maer ar y pryd, Mr J. Issard Davies. Agorwyd cronfa er sicrhau arian i godi adeilad newydd yn y dref ar gyfer yr ysgol a chyhoeddwyd ar 7 Tachwedd 1893 bod y cyfanswm yn £1,189.10.10 gydag addewidion eto i ddod. Cyfraniad y Maer o £210 oedd ar ben y rhestr.

Yn 1894 cafwyd caniatâd i agor yr ysgol ganolraddol mewn adeilad dros dro a aeth ar dân yn Stryd yr Eglwys, sef y North Wales Training College. Symudwyd y coleg hwnnw i Fangor a'i alw'n Goleg y Santes Fair ar ôl yr eglwys o'r un enw yng Nghaernarfon.

Penodwyd staff o bedwar ar gyfer yr ysgol: prifathro, Trevor Owen; prifathrawes, Miss Annie Jones; a dau athro, sef y Meistri Head a Gaudin. Ychwanegwyd dau arall atynt yn fuan wedyn ac erbyn 1898, er i amryw ohonynt adael a chael eu penodi i swyddi eraill ledled y wlad, roedd nifer y staff wedi cyrraedd 11.

Un o ddisgyblion y cyfnod cynnar yn Stryd yr Eglwys oedd bachgen o Fethel, sef W. J. Gruffydd, a ddaeth yn enwog fel bardd ac a gyfansoddodd folawd i'r 'Hen Chwarelwr': 'Rhoes ei geiniog brin at godi'r coleg...' a'r faled boblogaidd am 'Twm Huws o Ben-y-ceunant aeth gyda Roli'i frawd...'

Er fod yno gyfyngder ar ofod, roedd amryw wedi dod yn hoff iawn o'r lle ac yn gyndyn o'i adael i fynd i'r adeilad newydd ar Ffordd Bethel. Nid i hynny ddigwydd heb broblemau. Disgwylid agor yr ysgol newydd ar ddechrau Ionawr 1900, ond roedd y gwaith adeiladu heb ei orffen ac fe gymerodd hynny rai misoedd i'w gwblhau. Roedd hefyd brinder arian a bu raid cynnal gweithgareddau i chwyddo'r coffrau. Derbyniodd y prifathro, J. Trevor Owen, swydd arall ac allan o restr fer dewiswyd Mr J. de Gruchy Gaudin, M.A. (Camb.) mewn Ieithoedd Modern, i lanw'r swydd. Bu ef wrth y llyw tan 1913 a phenodwyd Mr E. P. Evans yn brifathro i'w olynu tan 1944.

Telynorion a Swynodd ein Cyndadau

DAETH TYLWYTHAU o sipsiwn i Gymru ar ddechrau'r 18fed ganrif, rhai fel y Woods, y Boswells a'r Lovells, ac roedd llawer ohonynt, fel pennaeth y tylwyth enwocaf ohonynt, teulu Abram Wood, yn offerynwyr eithaf medrus. Y ffidil oedd eu hoff offeryn, ond wedi ymsefydlu yn y Canolbarth ac yna symud yn fwy i'r gogledd, daethant i wybod am y delyn ac yn enwedig y delyn deires.

Dysgodd un o feibion Abram Wood, sef Valentine, ganu peth ar y delyn honno, ond ni ellir dweud iddo feistroli'r grefft er iddo ddysgu ei feibion ei hun ac i un ohonynt ddod yn adnabyddus fel telynor. Roedd Jerry Bach, fel y gelwid ef, ychydig o dan bum troedfedd o daldra a bu ef yn canu'r delyn am flynyddoedd i'r teulu Pryse, Plas Gogerddan, Aberystwyth. Pan fu farw yn 1867 cerfiwyd darlun o delyn ar ei fedd.

Telynor talentog arall oedd gorwyr i Abram Wood, sef John Wood Jones. Enillodd ef y Delyn Arian fel y telynor gorau yn Eisteddfod Aberhonddu. Bu'n athro hefyd mewn ysgol ar gyfer telynorion dall cyn dod yn delynor yng Nghwrt Llanofer ger y Fenni. Byddai'n canu'r delyn bob gyda'r nos i ddiddanu'r teulu a'u gwesteion ar ôl eu cinio nos. Yn 1843 gwahoddwyd ef i Balas Buckingham i ddiddanu'r Frenhines Fictoria a'r Tywysog Albert.

Hanner brawd i John oedd Edward Wood a fu'n byw yn y Bala ac yn Rhuthun. Roedd yntau'n delynor talentog iawn ac yn hyddysg mewn caneuon gwerin a byddai'n diddanu llawer yn nhafarnau'r cylch, hyd yn oed pan fyddai'n gysglyd ar ôl boliad o gwrw. Ar achlysur mwy sobor gwahoddwyd ef i ganu'r delyn o flaen y Frenhines Fictoria a'i hetifedd Edward yn 1889. Priododd ef â dwy chwaer, yn gyntaf Mary Ann, a oedd ei hun yn delynores fedrus. Cawsant ddau o blant cyn iddi farw yn ei hugeiniau. Yna priododd â'i chwaer Sarah a chawsant wyth o blant. Dilynwyd hi gan un nad oedd yn Romani a bu Edward farw yn 1902.

Tri arall o'r teulu Wood oedd Mathew Wood, gorwyr i Abram, a'i ddau fab Harri 'Turpin' Wood a Howel Wood ac roedd y tri'n adnabyddus am ddiddanu cynulleidfa trwy ganu'r ffidil, ond nid fel telynorion. Roedd Mathew hefyd yn storïwr heb ei ail, dawn a etifeddodd gan ei nain, Ellen Ddu, ac roedd galw mawr am ei wasanaeth yn nhafarnau gwledig Meirionnydd. Harri oedd ei fab hynaf a mabwysiadodd hwnnw yr enw canol Turpin ar ôl ei arwr, y lleidr penffordd a ddienyddiwyd yng Nghaerefrog. Byddai'n marchogaeth ar gefn ceffyl fferm a alwai yn Black Bess. Roedd yn anllythrennog a chariai ei hoff lyfr ar hanes Dic Turpin gydag ef yn wastad a gofynnai i ferched y deuai ar eu traws i ddarllen ohono iddo. Mab arall i Mathew oedd Howel Wood ac yn ystod yr 1930au byddai'r tri'n diddanu cynulleidfaoedd tafarnau, Harri'n canu'r ffidil a'i frawd Howel yn dawnsio dawns y glocsan a Mathew yn ymuno ag o, tra byddai un Reuben Roberts yn canu'r delyn. Pan ffilmiwyd y ffilm yn cynnwys y sêr Emlyn Williams, Richard Burton ac Edith Evans, *The Last Days of Dolwyn*, yn 1949, ffilmiwyd Howel yn dawnsio ar fwrdd mewn tafarn. Roedd yn bysgotwr profiadol a bu'n was ar fferm Pantyneuadd ger y Bala am ddeugain mlynedd. Credir, pan fu ef farw yn 1967, iddo fod yr olaf o'r sipsiwn a ddaeth i Gymru a allai siarad iaith Romani.

Ond, i ddychwelyd at y telynwyr, y mwyaf oll a fynnai ddysgu canu'r delyn y mwyaf oedd y gofyn am rai profiadol i'w hyfforddi. Felly, nid yw'n syndod bod telynwyr dall yn eu plith. Roedd hi'n anodd iawn i berson dall ennill bywoliaeth yn y blynyddoedd a fu ac os dangosai unrhyw ddawn gerddorol byddai'r teulu yn ei annog i ddysgu canu offeryn ac amryw yn dewis y delyn.

Dau delynor dall a ddaeth i amlygrwydd fel hyfforddwyr oedd William Williams (Wil Penmorfa), 1759–1828, a Richard Roberts, Caernarfon, 1769–1855. Credir i William Williams gael ei eni a'i fagu ym mhlwyf Penmorfa yn Eifionydd a bu'n ddisgybl i delynor dall arall, yr enwog John Parry, sef 'Parry Dall' Rhiwabon. Aeth William Williams i Eisteddfod Caerfyrddin 1823 a chafodd ei gyflwyno i'r hanesydd Carnhuanawc a chanodd y delyn iddo, ond erbyn hynny roedd yn hen ŵr a'i nerth yn pallu a gwisgai gadach du am ei lygaid.

Treuliodd weddill ei oes yn delynor teuluaidd ym Mhlas Tregib ger Llandeilo Fawr ac yno y bu farw ar 30 Tachwedd 1828. Yn ystod ei oes rhoes hyfforddiant ar ganu'r delyn i lawer ac yn eu mysg Richard Roberts, Caernarfon.

Bu peth dryswch am flynyddoedd ynglŷn â blwyddyn a

William Williams (Wil Penmorfa)

man geni Richard Roberts, ond derbynnir heddiw mai fersiwn John Parry (Bardd Alaw) sy'n gywir. Dywed ef mai yng Nghefn y Mein, Llŷn y'i ganed a rhydd R. Griffith yn ei lyfr *Cerdd Dannau* flwyddyn ei eni yn 1769 ac nid 1796 fel y tybid gynt. Pan oedd Richard yn 8 oed trawyd ef gan y frech wen ac o ganlyniad collodd ei olwg. Yna dysgodd ganu'r delyn o dan law Wil Penmorfa, fel y cyfeiriwyd eisoes. Daeth yn un o'r telynwyr gorau am ganu'r delyn deires, ac enillodd Delyn Arian yn Eisteddfod Wrecsam 1820 a'r Delyn Aur yn Eisteddfod Dinbych yn 1828. Bu'n beirniadu yn Eisteddfod y Fenni yn 1843 ac yn Eisteddfod Rhuddlan yn 1850. Bu'n hyfforddi llawer o delynorion a daeth rhai ohonynt yn adnabyddus iawn.

Bu farw ar 28 Mehefin 1855, ond methwyd â dod o hyd i garreg fedd iddo ym mynwent yr eglwys yn Llanbeblig. Fodd bynnag, dengys ei enw ar Gofrestr Claddedigaethau'r Plwyf iddo gael ei gladdu ar 4 Gorffennaf 1855, yn 86 oed ac mai yn Stryd Fangor, Caernarfon yr oedd yn byw. Mae cofnod (F204) ar arysgrifau cerrig beddi y fynwent yn rhestru tri o blant iddo a fu farw yn fabanod. Tybed a gladdwyd yntau yno, ond na roed ei enw ar y garreg?

Anfadwaith Nos Nadolig

Cysylltir y Nadolig â hedd a llawenydd nid â gwrthdaro a thristwch, â thynerwch yn hytrach nag â thrais. Tymor ewyllys da ydyw, ond nid yw hyn yn golygu bod y diafol ar wyliau. Digwyddodd erchyllterau mawr, hyd yn oed ar ddydd Nadolig ei hun, fel yn nhref Caergybi ar Nos Nadolig 1909.

Roedd gwraig briod o'r enw Gwen Ellen Jones o Fethesda, Arfon wedi bod yn cyd-fyw â labrwr Gwyddelig o'r enw William Murphy a ganwyd plentyn iddynt. Er bod Murphy yn treulio llawer o'i amser yn gweithio i ffwrdd roedd yn anfon arian yn rheolaidd i Gwen Ellen at ei fagu.

Rai dyddiau cyn Nadolig 1909 aeth Murphy i gartref tad Gwen Ellen ym Methesda i chwilio amdani er ceisio adfer y berthynas a fu rhyngddynt. Dywedodd yr hen ŵr wrtho ei bod wedi mynd i Sir Fôn, ond na wyddai yn union i ble. Aeth Murphy i Sir Fôn ac o'r diwedd daeth o hyd iddi yng Nghaergybi ac ar Nos Nadolig gofynnodd iddi mewn tafarn yno i ddod allan gydag ef i gael sgwrs am eu sefyllfa. Gadawodd hithau y Bardsey Island Inn yn ei gwmni. Dyna oedd y tro olaf i neb ei gweld yn fyw oddieithr y rhai a welodd ac a glywodd y ddau'n canu yng nghwmni ei gilydd wrth gerdded y stryd.

Ni ellir ond dychmygu'r hyn a ddigwyddodd iddi wedi iddynt adael y dafarn, ond gwyddys i Murphy fynd i Swyddfa'r Heddlu i gyfaddef iddo lofruddio Gwen Ellen ac iddo fynd â'r heddlu i olwg ei chorff mewn ffos. Roedd wedi ei thagu ac roedd ei gwddw wedi ei agor â chyllell.

'Restiwyd William Murphy ac ar ôl ymddangosiad byr yn Llys yr Ynadon yng Nghaergybi ar 27 Rhagfyr, anfonwyd ef i sefyll ei brawf ym Mrawdlys Biwmares ar 26 Ionawr 1910.

Er i'w fargyfreithiwr wneud achos cryf i geisio argyhoeddi'r rheithgor nad oedd Murphy yn ei iawn bwyll pan gyflawnodd y drosedd, cafwyd ef yn euog o lofruddiaeth a'i ddedfrydu i farwolaeth trwy ei grogi a threuliodd weddill ei ddyddiau yng ngharchar Caernarfon.

Roedd llawer yn wrthwynebus i'r ddedfryd o farwolaeth a threfnodd y cyfreithiwr William George, brawd yr Aelod Seneddol David Lloyd George, ddeiseb. Arwyddwyd hi gan amryw o wŷr blaenllaw y cylch ac fe'i hanfonwyd i'r Ysgrifennydd Cartref yn erfyn arno atal y gosb eithaf. Penderfynu peidio ag ymyrryd yng nghwrs y gyfraith a wnaeth ef a gadawyd i frawd Murphy dorri'r newydd iddo. Ni ddangosodd unrhyw emosiwn a phrin ei fod wedi disgwyl ateb i'r gwrthwyneb.

Bu'r Tad Gouzier, caplan Pabyddol y carchar, yn ffyddlon iawn iddo, a'i farn ef am Murphy oedd ei fod yn annhebyg iawn i'r math o garcharor yr arferai ymweld ag o. Tebyg hefyd yw'r hanesyn hwn a gafodd awdur hyn o eiriau gan y diweddar Miss C. Limerick Jones, gynt o 12, Stryd y Farchnad, Caernarfon. Roedd ei thaid, Richard Jones, peilot, yn byw yn Stryd y Jêl ac o bryd i'w gilydd byddai'n cael ei alw i wneud gwaith Gwarchodwr Achlysurol (*Extra Warder*). Bu ef gyda Murphy y noson cyn ei ddienyddio, a bu'r ddau yn chwarae cardiau ac yn sgwrsio am oriau. Ychydig cyn 8 o'r gloch, troes y carcharor at Richard Jones a dweud "Thanks, old man, for everything." Yna cerddodd o'i gell yn rhan o'r orymdaith i'r crocbren. Henry Pierrepoint oedd y dienyddiwr ac yn ei gynorthwyo roedd John Ellis, a ddyrchafwyd yn ddiweddarach i swydd dienyddiwr cyhoeddus.

Bu'r dorf o amgylch y carchar yn disgwyl yn eiddgar i gael gweld a fyddai baner ddu yn cael ei chodi fel arwydd bod y dienyddiad wedi ei gario allan, ond ni ddigwyddodd hynny, gan i'r arferiad gael ei atal yn y flwyddyn 1902. Ond fe ddigwyddodd rhywbeth arall. Clywsant gloch Eglwys y

Santes Fair yn distewi ar ôl dau gnul yn unig. Tybed nad oedd y carcharor i gael ei grogi wedi'r cyfan? Clywsant y *trapdoor* yn agor a gwyddent fod popeth drosodd. Yn ddiweddarach cawsant wybod bod tafod cloch yr eglwys wedi torri a disgyn ar ôl gwasanaethu'n ddi–fwlch am 170 o flynyddoedd.

Wrth addasu'r hen adeilad carchar ar gyfer codi swyddfeydd i'r Cyngor Sir yn 1932, daethpwyd o hyd i gyrff William Murphy a dau arall a ddienyddiwyd yng ngharchar Caernarfon. Yna, cafwyd caniatâd y Swyddfa Gartref i'w hailgladdu ym mynwent y dref, Llanbeblig.

Gwnaed hynny yn nhrymder nos a chynhaliwyd gwasanaeth, ond ni chaniatawyd codi 'maen na chofnod i nodi'r fan'.

William Murphy

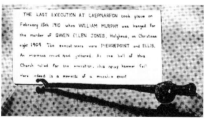

Tafod y gloch

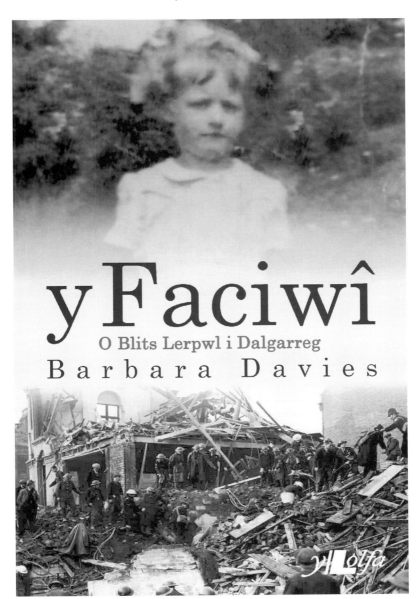

y Faciwî
O Blits Lerpwl i Dalgarreg
Barbara Davies

£7.95

Emlyn Richards

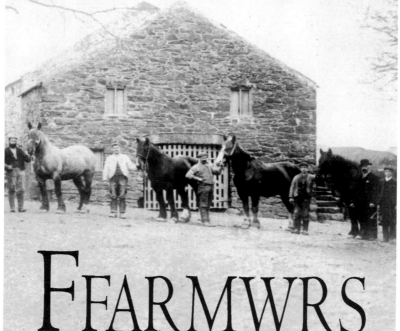

FFARMWRS MÔN

1800–1914

y **L**olfa

£12.95

hiwmor
Y COFI

y Lolfa

Dewi Rhys

£3.95

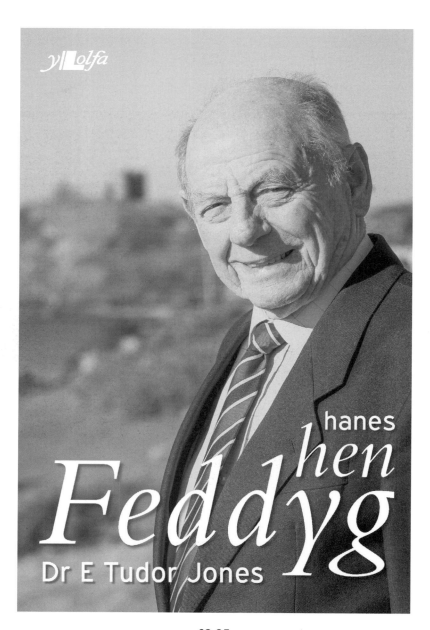

yLolfa

hanes
hen
Feddyg

Dr E Tudor Jones

£9.95

Cyfaredd rhai o'r llefydd mwyaf arwyddocaol yn llenyddiaeth Cymru

Gair yn ei Le

50 O LEFYDD LLENYDDOL

GWYN THOMAS

Lluniau gan Geraint Thomas

y olfa

£14.95 (clawr meddal)
£24.95 (clawr caled)

Am restr gyflawn o lyfrau'r Lolfa, mynnwch
gopi am ddim o'n catalog
neu hwyliwch i mewn i'n gwefan

www.ylolfa.com

lle gallwch archebu llyfrau ar-lein.

TALYBONT CEREDIGION CYMRU SY24 5HE
ebost ylolfa@ylolfa.com
gwefan www.ylolfa.com
ffôn 01970 832 304
ffacs 832 782